Aux portes du Temple.

**Temporis Erunt Mirae
Portae Semper**

**Les merveilleuses portes du
temps existeront toujours.**

Chapitre 1. Fin de tenue.

Il est près d'une heure du matin. Ils ne sont plus que quelques-uns. Dans cet endroit secret, aux confins d'une colline en Hainaut, où, comme le dit le rituel, on n'entend ni coq chanter ni chien aboyer, les conversations, toujours animées après les tenues de loge, vont bon train. Les agapes terminées, les Frères prennent le dernier verre entre amis, qu'ils sont aussi. Un peu à l'écart des autres, je digère la tenue, en rêvassant : j'en ai besoin.

René, le nouvel apprenti, veille au service des boissons. C'est son rôle : tout le monde y passe, avec fierté et inquiétude, celle de bien faire. Depuis le Vénérable Maître jusqu'au compagnon récemment élevé, nous avons tous un jour été apprenti, et nous avons tous eu la responsabilité du bar, comme celle de faire le service de table, sous la direction du Maître des banquets. Servir ses Frères et se taire : une longue période de silence, propice à l'écoute, et à la découverte des us et coutumes de l'Ordre. C'est l'apprentissage.

Cachées dans les sous-sols d'une grande entreprise, nos installations sont assez confortables, il faut bien le reconnaître. Les colonnes de pierre bleue en marquent symboliquement l'entrée. Rien de choquant : les profanes n'y voient qu'un élément décoratif, des œuvres au design sobre. Nous, par contre, avons été éclairés quant à leur signification. On retrouve le même symbole à La Louvière, sur la place Mansart ou à Tertre, dans un des parcs communaux. Les passants passent, comme écrivait Prévert, sans s'émouvoir : l'accès au sens est réservé aux initiés !

Une porte blindée, tout de même. Nous n'aimons pas les intrus. En Turquie, des Frères ont été assassinés après l'irruption d'une bande armée dans leur loge. Ils avaient confiance : leurs travaux étaient placés sous le signe de la paix, de la lumière et de la tolérance. Qu'avaient-ils à craindre ? Ils sont morts de ne pas avoir compris l'horreur du fanatisme religieux. Chez nous, par contre, les aînés n'ont pas oublié la Gestapo : nous restons prudents. Non que nous nous fassions une obsession de notre sécurité, mais on ne sait jamais ! La maçonnerie n'a pas bonne presse partout et il y a des fous sous toutes les latitudes.

Notre loge, que nous partageons avec d'autres ateliers, c'est un cocon, un autre monde accessible aux seuls élus : c'est chez nous ! D'abord, un vestiaire et les deux cabinets de réflexion. C'est là que les aspirants font leur testament philosophique avant d'être initiés. Puis une nouvelle porte et le lobby avec son bar en acajou, décoré de pentaèdres en marqueterie. Au bout de cette pièce, le salon et sa bibliothèque. A droite, la cuisine. Une Sœur et un Frère du Droit Humain nous y concoctent les repas. A gauche, la salle du Milieu – nous y célébrons les agapes -, un sas, le local du Maître de Musique et puis le Temple.

Dans ce T souterrain, on se sent comme protégé du monde extérieur. C'est l'Ailleurs. On peut y être vrai, sans masque. C'est le monde de l'émotion, du « Je t'aime, mon Frère », tellement simple et naturel qu'il en est interpellant, perturbant. C'est un microcosme où les hommes se touchent, se regardent dans les yeux et puis ferment les paupières, juste comme ça, après avoir partagé l'énergie, après avoir cherché « l'unanimité », l'âme unique, l'égrégore.

Le bar, je l'ai longtemps considéré comme mon royaume. Je l'avais tellement rangé, briqué, chouchouté quand j'étais apprenti que j'ai rechigné à céder ma place, lorsque je suis devenu compagnon. Florent vous le confirmera, lui qui a dû subir mes reproches, voire mes insultes, parce que « de mon temps », tout était nickel. Le pauvre, il n'avait pas vidé tous les cendriers. Il n'avait pas passé la serpillère. Il avait laissé traîner quelques verres vides, sans les rincer : le chaos dans l'ordre que j'avais créé… avant. Mais mon temps était passé. Les nouveaux apprentis avaient pris leur place dans l'univers que nous leur avions circonscrit : j'aurais dû me taire moi aussi. Et je ne l'avais pas fait.

Florent en a souffert. Il a même failli quitter la Loge.

- Si c'est ça être Maçon. Alors non, ce n'est pas pour moi !

Le lendemain, je lui téléphonais pour m'excuser. J'avais mal parlé. J'aurais dû comprendre que, pour cette impressionnante carcasse habituée à commander, se faire agresser pour des broutilles n'était pas facilement acceptable. Nous en reparlons d'ailleurs souvent, de cette anecdote…

- Et alors, on cogite !

Jean-Pierre, mon parrain, m'extirpe de ma rêverie. Sa voix est chaude et joviale, comme toujours. Avec sa moustache blanche en guidon de vélo, il a tout d'un Dali au retour d'Espagne. Son corps d'asperge et sa voix haut perchée lui confèrent une présence interpellante, presque dérangeante. Il en connaît la puissance. En société, il ne doit jamais s'imposer : il est là. Il a cette assurance de ceux que rien n'arrête, pas même les pires catastrophes... et Dieu sait s'il en a connues.

- Oui, j'étais en pleine nostalgie. Je regardais notre apprenti... et je me rappelais mes propres débuts, ta première visite, les enquêteurs... Quel parcours. Il n'est qu'au début. Il n'a encore rien compris. Je pense qu'il va continuer en baver celui-ci.

- C'est clair ! Je me demande comment il va évoluer. Tu as remarqué comme il veut continuer à plaire ? C'est un commercial, un séducteur...

- Comme moi, avant.

- Et tu en as fait du chemin.

- Peut-être pas celui que je voulais faire.

- Tu n'en sais rien. C'était écrit.

- Par qui ? Par toi, peut-être ?

- Non, c'était dans l'ordre des choses. C'est le destin.

Là, il sait qu'il me touche. Il connaît tout de moi et met le doigt sur une plaie béante. Je n'aime pas ça. Je sais qu'il me provoque. Il veut encore me faire réagir, me pousser à la limite. Mais je n'ai pas envie de ça maintenant. Je veux la paix. Je suis bien, seul avec mes rêves, mes souvenirs et mes projets. Je suis fermé et veux le rester : je me fais sec en lui répondant.

- Oh ! Qu'est-ce qui te prend ? C'est quoi ce ton ? Tu te crois en séminaire d'apprentis ? Tu veux me faire la morale ? Arrête tes discours à la noix. Je sais très bien à quoi tu fais allusion. Ce n'est pas le moment.

Il me regarde, me caresse affectueusement mais fermement l'épaule. La pression de sa main parle pour lui. C'est la première fois que je le rembarre. Il est manifestement étonné, au sens racinien du terme : le tonnerre lui est tombé dessus ! Mais il a cette chaleur, cette sérénité, cette paix dans le regard et dans la voix qu'une fois de plus, je tombe sous le charme. Instantanément, ma colère s'évanouit.

Il sourit, en silence. Nous nous comprenons : pas besoin de mots. Les grands débats, ce sera pour une autre fois. Aujourd'hui, tout a été dit dans un regard.

- Bon, un dernier et je rentre à la maison.

C'était une convention que ce dernier verre. Il signifiait : « On arrête de parler du G∴A∴D∴L∴U∴, de l'étoile flamboyante ou du pavé mosaïque : maintenant, on rigole ! » A chaque fois, c'étaient les blagues les plus énormes, les jeux de mots les plus lourds qui nous faisaient rire non pour leurs contenus mais parce que tout ce qui sortait était tellement débile que c'en devenait comique. Tout le monde s'y mettait. Les apartés s'évanouissaient. Nous nous retrouvions à déconner comme des gamins. La décompression, le bonheur, l'enfance retrouvée !

Une heure du matin. Je reprends mes décors.
Je fais les trois bises rituelles aux Frères. Ma
C1 trône sur le parking déserté. Comme
souvent, je suis un des derniers à partir.

Doudou m'attend. Je la sais impatiente. A
chaque fois c'est pareil. Elle craint que j'aie
un accident, que je m'endorme au volant...
Elle me veut toujours à proximité. Pour elle,
j'ai accepté de démissionner de l'Arche et des
Hauts Grades mais je ne quitterai pas la
maçonnerie bleue, ma base, ma loge. C'est
mon jardin privé, mon espace de liberté,
d'oxygénation intellectuelle, philosophique
et spirituelle. Deux soirées par mois pour que
je me sente bien, pour que je me ressource, ce
n'est pas grand-chose. J'ai tellement besoin
de mes Frères.

A chaque fois, j'essaie de la rassurer mais je
m'y prends mal. Je lui raconte des anecdotes
et elles ne font que l'inquiéter davantage. Par
exemple le soir où Pierre, qui remontait vers
Uccle, s'était fait arrêter par la maréchaussée.

- Vos papiers, s'il-vous-plaît. D'où venez-
vous ?

Pierre était en smoking : en tant que
Vénérable de notre loge, cette année-là, il

avait procédé à une initiation. Michaël, notre mentor, était passager. Avec ses septante-deux ans et sa voix chevrotante, il avait l'aplomb des vieux braconniers à qui on ne la fait pas. Sans que Pierre ait eu le temps d'ouvrir les lèvres, il lâche :

- Nous revenons d'une tenue de loge où nous avons initié un de vos collègues.

Fameux culot ! Fameux pari ! Risque énorme ! Moment de silence. De sa torche électrique, il éclaire l'intérieur de la voiture. Il aperçoit deux valises.

- Que transportez-vous ?

- Ce sont nos décors, nos vêtements de francs-maçons, si vous préférez.

- Très bien, Messieurs. Bonne route et soyez prudents.

Michaël riait sous cape : pas de contrôle et retour maison !

Chapitre 2. Doudou

La loge – Neufmaison : quarante kilomètres.
C'est une nuit sans lune. Je roule fenêtre
ouverte : j'adore ça. Cette fin d'été est douce.
L'air est tiède. Il sent les chaumes et la terre
humide. En d'autres temps, j'aurais allumé
une cigarette. C'aurait été la dernière de la
journée : Doudou n'aime pas me voir fumer.
Elle aime encore moins embrasser un
cendrier froid. Je me serais lavé les dents en
rentrant. Maintenant, je suis libéré de ça !

Pas d'éclairage sur ces chemins de campagne.
La route est sinueuse mais je la connais par
cœur. Personne. Je roule relativement
lentement, comme pour prolonger le plaisir
de cette soirée. Je souris béatement en
essayant de deviner les limites du bois de
Baudour. Tout à coup, dans un virage…
Qu'est-ce que c'est que ça ? Deux points
rouges au milieu de la route. Une vague
forme brune… Je freine à bloc. Les pneus
crissent. Bang ! J'ai heurté quelque chose…
Bon sang, j'étais encore distrait. Il faut donc
toujours que je m'évade.

Qu'est-ce que c'est ? Je sors de la voiture.
Ca ne peut pas être un enfant à cette heure-ci.

Quelque chose bouge dans le fossé. Il fait trop noir pour que j'y voie bien. Je m'approche. Mon cœur bat la chamade. Mes tempes cognent… Un chevreuil ! Et zut ! C'est la période du rut. J'aurais dû y penser. Ils sortent tous du bois en cette saison. Je m'accroupis prudemment. Il n'est peut-être que sonné. Un coup de sabot peut être méchant. Non. Il a l'air mort. Et la voiture ? J'y retourne pour voir l'étendue des dégâts. Les phares m'éblouissent. Apparemment, rien de grave : la plaque est pliée mais le capot et la calandre n'ont rien. Quelle chance !

Je sais que je n'en ai pas le droit mais tant pis. Cette bestiole ne partira pas au clos d'équarrissage. Je l'embarque ! Je lève le haillon arrière, baisse les banquettes, étend une couverture… et voilà un beau lit pour le bébé. Bon sang, il fait au moins trente kilos ! Retour maison.

J'emprunte l'allée. La voiture crapahute sur les pavés. Misère, quand j'ai fait faire les travaux, je voulais que ce soit « rustique ». L'entrepreneur ne m'a que trop bien compris : ça secoue de partout. Les châtaigniers défilent dans le faisceau des phares. Le porche enfin. Je gare la voiture dans la cour intérieure de la ferme.

Doudou a tiré les tentures de la salle tv mais j'aperçois les reflets de l'écran. Le hall s'éclaire. Elle m'a entendu arriver. La porte s'ouvre. Elle est en peignoir et babouches, la tête emmaillotée dans une serviette éponge. Elle a manifestement profité de la soirée pour s'occuper de sa personne.

- Bonsoir Mamour. Ca va ?

- Nickel. J'ai même une surprise pour toi.

- C'est vrai ? Mais tu ne dois pas ! Tu me fais toujours des cadeaux et moi, je ne sais plus quoi t'acheter.

- C'est-à-dire que c'est un peu spécial…

- Attends un peu. Je devine. Des fleurs ?
Non, on va au marché de Mons dimanche.
Un bijou ? Tu n'as pas eu le temps. Je ne sais pas. Un chien ? Un chat ?

- C'est pas vraiment ça mais tu approches !

- C'est pas un oiseau, j'espère ?

- Disons que ce n'était pas prévu. Il s'est invité tout seul. Regarde.

J'ouvre le coffre. Elle s'approche mais distingue mal dans la pénombre.

- On dirait un chien. Elle s'avance et tend la main vers la chose. Elle la touche.
- C'est bizarre, c'est tout chaud et ça colle.

Elle regarde ses doigts et pousse un cri strident.

- Ah… du sang ! Qu'est-ce que c'est que cette horreur ? Tu as tué quelqu'un ?

- Arrête. C'est un chevreuil. Je n'ai pas pu l'éviter.

Elle me fixe, consternée, le visage défait. Ses yeux sont exorbités, son regard, hagard. Ses narines sont dilatées. Sa mâchoire, pendante. Elle regarde à nouveau ses doigts puis se frotte les mains, frénétiquement sur sa chemise de nuit. Sans un mot, elle me tourne le dos et s'encourt vers la maison en criant : « Il est fou, il est fou,… ». Je ne peux m'empêcher de rire. Pour une surprise, c'est une surprise réussie. Elle s'en souviendra.

Laissons-la se remettre de ses émotions : je vais m'occuper de la bête ! Direction la pièce froide. C'est une petite boucherie en fait. J'y abats et prépare les poulets, pigeons, cailles, canards et autres lapins de mon élevage.

Un chevreuil, c'est comme un gros lapin. Pour l'écorcher, la technique est identique. Le suspendre par les pattes arrière. Le saigner en lui tranchant la gorge. Entailler les pattes arrières d'abord circulairement puis verticalement jusqu'à l'anus. Enlever la peau en prenant bien soin de ne pas la déchirer. Poursuivre de la même façon pour le corps en s'aidant d'un petit couteau pour éliminer les adhérences. Attention, la paroi de l'abdomen est fragile. Si vous la crevez, vous ramassez toutes les tripes sur le tablier ! Continuer jusqu'au cou et aux pattes avant. Couper la peau : le pyjama est enlevé. La bêbête n'a gardé que ses chaussons et son bonnet. Viennent ensuite les tripes, à récupérer avec précaution. Le foie est particulièrement délicat. Poêlé au beurre, c'est un régal. Cœur à bouillir, rognons à préparer en sauce. Poumons pour les chats.

Je nous réserve les abats pour demain : Doudou adore ça. Dimanche, ce sera un cuissot de chevreuil aux girolles. J'en ai cueilli deux paniers pleins dans le bois. Mes invités vont se régaler. Nous serons huit. Il y aura Danny et sa femme Géraldine. Un couple vraiment génial. Elle, toute de spontanéité et d'énergie tonitruante. Une sœur du Droit Humain toute d'écoute, de grands éclats de rire et de compassion. Lui, le savoir universel : écrivain, informaticien, historien... et grand amoureux.

Charles, notre passé Vénérable Maître, et Annick seront aussi de la partie. Consultant international, bourlingueur éternel, il se promène du Cap à Rio en passant par Toronto comme si je prenais le train pour aller à Bruxelles. Polyglotte et grand amateur d'art, il a un faible pour les Picasso. Il sait cependant nous recevoir en toute simplicité pour une COD, autour d'un bon spaghetti, sans chichis.

Hors notre loge, j'ai aussi invité Xavier et sa compagne. Je voudrais les présenter « à quelques membres de la famille » avant d'aller plus loin. Il faut toujours être prudent. Le risque est grand. D'un côté, je ne peux pas décevoir Xavier en le faisant entrer dans une loge où il ne se plairait pas ; de l'autre, mes Frères ne peuvent pas être trompés par mon choix. Avant de parrainer Xavier, j'ai donc besoin d'un jugement sans aucune indulgence. Seuls ces Frères me connaissent assez bien. Eux seuls maîtrisent les enjeux.

Perdu dans ces considérations, je n'ai pas vu passer le temps.

Trois heures de matin. Le chevreuil est découpé, empaqueté, étiqueté, congelé. La salle est nettoyée. Je vais rejoindre Doudou au creux de mon lit. J'adore sa peau chaude et ses gros seins. Vite une douche. Vite le lit…

- Tu sens la bête…

- Impossible, je me suis douché.

- Tu sens quand même la bête…

- …

Chapitre 3. Forestaille

Quand j'ai acheté la ferme, j'ai tout de suite su que ce serait dans cette pièce que j'installerais ma chambre. Ce n'était pourtant qu'un grenier à foin, au-dessus des étables. Le corps de logis se trouvait en face. Moyennant un nombre restreint d'aménagements, il aurait été habitable. J'aurais limité les frais… mais je n'avais pas envie d'être raisonnable. Après tant d'années de galère, j'avais enfin les moyens de réaliser mes rêves, sans compter. Non que je sois devenu dispendieux : j'avais appris à être économe, mais je voulais du beau et du confortable. Je trouvais que je le méritais bien. Doudou était d'accord avec moi.

En aménageant cette maison, j'allais consciemment essayer d'appliquer mes principes maçonniques. J'en étais complètement imprégné : il m'était désormais impossible de voir la vie comme avant.

Dans notre loge, nous pratiquons le rite français moderne. C'est celui que les Frères Fondateurs ont choisi parmi d'autres, en fonction de leur sensibilité : chaque rite a ses particularités. C'est d'ailleurs un des thèmes des séminaires d'apprentis. Bref, chez nous, en début de tenue, à l'ouverture des travaux, le Vénérable frappe la stalle de son maillet.

- J'ouvre les travaux de cette loge au premier degré par Force…

Le premier surveillant lui fait écho et frappe les trois coups rituels.

- Par Sagesse…

Le second surveillant enchaîne.

- Par Beauté.

La magie, sacralisée par ces neuf coups de maillets, peut opérer.

- Les travaux sont ouverts. Prenez place, mes Frères.

Cette recherche d'équilibre entre Force, Sagesse et Beauté est devenue ma ligne de conduite : tout un programme. Que recouvrent ces mots ? Comment les appliquer au quotidien dans la vie profane ? Il n'y a pas de réponse type à cette question. Chacun essaie de trouver son propre chemin. C'est une des facettes de la Maçonnerie, telle

que je la vis. Nous n'avons pas de dogme.
Nous recevons des messages. A nous de les
interpréter, de chercher, de tâtonner pour nous
améliorer.

« Que venons-nous faire en loge ? ». Voilà
une autre question du rituel.
« Vaincre nos passions, soumettre nos
volontés et faire de nouveaux progrès en
Maçonnerie », c'est la réponse du premier
surveillant au Vénérable qui l'a interrogé.
Limpide, n'est-ce pas ?

En ceci comme dans le reste, la Maçonnerie
n'a pas le monopole de la recherche de
perfection. Ce n'est qu'une voie parmi
d'autres. C'est celle qui m'a été offerte, que
j'ai acceptée et que je partage, en toute
solitude, avec mes Frères.

La ferme, c'était quelque part l'occasion de
concrétiser cette quête philosophique : un
fameux chantier. Je m'autorisais en même
temps une récompense : j'avais fait preuve de
Force, de courage et d'opiniâtreté dans mon
travail. J'avais gagné cette propriété à la
force du poignet. Je méritais un nouveau
toit !

Jamais je n'oublierai ces vers de Kipling qui

m'ont guidé pendant ces sept dernières
années.

« Si tu peux voir détruit l'ouvrage de ta vie
Et sans dire un seul mot te mettre à rebâtir,
Ou perdre en un seul coup le gain de cent
parties
Sans un geste et sans un soupir ;
Si tu peux être amant sans être fou d'amour,
Si tu peux être fort sans cesser d'être tendre,
Et, te sentant haï, sans haïr à ton tour,
Pourtant lutter et te défendre ; »

La ferme, c'était le signe de ma
reconstruction. J'avais tout perdu et tout
regagné. J'avais rampé et m'étais relevé.
J'avais appris le courage et l'obstination,
l'humilité aussi. Doudou y avait contribué.

- Tu es snob. Tu ne parviens pas à te défaire
de ton ancienne vie. Tourne la page. Ne
redeviens pas comme avant, ce n'est pas toi.
N'oublie pas Julos Beaucarme quand il dit :
« A force de péter trop haut, le cul prend la
place du cerveau ! »

C'était du direct, du vrai, du Doudou pur jus,
de la sagesse populaire, de la sagesse tout
court.

Au moins, j'ai conservé ma C1 : sage
décision. Cette voiture me rappelle la rude
époque. Aujourd'hui, je pourrais acheter
cette Audi A 5 version sport qui me fait
tellement flasher. Non. Je garde ma Titine.

De la beauté, j'en voulais. Cette ferme serait
un écrin. Pour réaliser mon rêve, il fallait que
je trouve l'homme de la situation. Il s'appelait
Benoît.

J'avais repéré ce bâtiment en me rendant à la
brocante de Neufmaison. Doudou conduisait
la camionnette. J'y avais entassé des fonds
de grenier que j'espérais revendre pour
terminer le mois. Je rêvassais en regardant
par la fenêtre. Puis, cette ferme est venue à
moi. Elle est sortie des brumes matinales.
Elle m'a appelé… J'ai dû attendre, mais
finalement, j'ai pu acheter « Forestaille ».

En sortant de chez le notaire, à Baudour, j'ai
tout de suite appelé Benoît. Un personnage !
Un mètre nonante-cinq et des épaules de
rugbyman. Des mains comme des pelles mais
une élocution lente et recherchée comme s'il
réfléchissait avant de prononcer le moindre
mot. Il avait toujours l'air ailleurs, sur un
nuage. Ce devait être un grand rêveur. Il
était aussi un vrai entrepreneur. Il aimait le

beau et le recréait. Il m'avait montré un certain nombre de ses réalisations. On lui confiait des ruines, il en refaisait des châteaux. Féru d'histoire et de patrimoine, il pouvait vous entretenir des abbatiales, églises, et autres fermes remarquables durant des heures, comme s'il y avait vécu. Ses yeux alors se perdaient et s'illuminaient. C'était une invitation au voyage. Pas question de l'interrompre. Il se serait alors recroquevillé comme un escargot dans sa coquille. Il avait sa part de mystère. Je pense qu'il était en contact avec les Compagnons mais je ne peux rien assurer : c'est un univers que je ne connais pas.

Il y avait sept ans que je n'avais pas vu Benoît. J'avais conservé son numéro de téléphone…

- Olivier, comment vas-tu ? Il y a bien longtemps qu'on ne s'est plus vu. Tu veux parler à Karine ?

Je dois avouer que j'étais un peu interloqué.

- Non, enfin, oui si tu veux, après. C'est toi que je cherche. Tu restaures toujours les bâtiments ? J'ai une folie à te proposer.

Il n'aura pas fallu cinq minutes pour que je lui expose, en gros, que j'avais eu le coup de foudre pour une vieille ferme en carré.
Qu'elle était délabrée. Que je voulais la restaurer et lui rendre son âme. Qu'il y aurait mon corps de logis, des chambres pour les amis de passage, des chevaux, une basse-cour, un verger et un étang. Que j'avais plein idées… et que j'avais besoin de lui.

- Que d'émotion, me répond-il après quelques longues secondes de silence. Tu as attrapé le virus. Quand es-tu libre ? Je vais venir voir la « chose ».

Je ne pensais pas qu'il réagirait aussi positivement et aussi rapidement. Le train était en marche.

Il a vu la ferme. Il a tout visité, des caves aux greniers. Les fosses à purin, les réserves d'eau de pluie, les puits : il a tout sondé. Pendant le repas, je lui ai présenté mes projets, ma confusion, mon enthousiasme.

L'après-midi, il m'a demandé de le laisser seul.

- Je vais faire un tour dans la propriété. Je reviendrai à six heures.

Il s'est promené avec ses baguettes de sourcier dans la cour, les prés, le bois jusqu'à la tombée du jour.

- C'est bien. Cet endroit est sain. On peut y aller.

Je dois avouer que j'avais fait le test, avant d'acheter. Le fermier m'avait autorisé à me promener sur ses terres avec mes baguettes de sourcier. Benoît confirmait mon diagnostic.

Chapitre 4. Xavier

Lorsque nous recevons, nous ne faisons jamais appel à un traiteur. C'est du « tout maison », ou presque. Pain cuit au four à bois. Saumon du fumoir. Jambon, idem. Chevreuil et champignons, c'est évident. Cornes de gatte, laitues, tomates, oignons du potager.

Pour les vins, j'ai suivi les conseils de mon mentor ès œnologie, Jean de Soubès. Depuis qu'il m'a fait découvrir la cave de Saint-Felix de Lodez et la Maison des Vins de Montpellier, je ne jure plus que par le Languedoc et par le département de l'Hérault, en particulier. Les producteurs y ont fait des progrès faramineux. En apéro, j'ai choisi un muscat pétillant. Il est doux comme le miel de lavande et frais comme une rosée d'automne. Avec les verrines aux écrevisses (de l'étang, s'il-vous-plaît) c'est un délice. Un Faugères rosé sec pour accompagner le saumon et sa garniture de cresson (de la fontaine évidemment) puis un Pic Saint Loup 2007. Il a toute la muscade et la girofle nécessaires à amplifier la saveur du gibier.

Nous avons consacré l'intégralité du samedi à nos préparatifs. Doudou a dressé la table. La grande nappe des Saintes Marie, les serviettes de lin des Vosges, le service en cristal de Bohême. J'ai joué le commis de cuisine, comme d'ordinaire : relever les nasses à écrevisses, cueillir et nettoyer le cresson, trancher le saumon, sélectionner les vins, préparer le feu de bois,… Chacun a ses rôles et ses domaines. C'est à chaque fois un plaisir différent. Tu goûtes ceci. Essaie cela… Bref, nous partageons le plaisir d'accueillir.

Les Frères sont arrivés à onze heures trente. Xavier et Sophie n'étaient conviés qu'à midi. J'avais besoin d'un peu de temps « rien qu'entre nous » pour discuter du « cas ». Il faudrait créer le moment où les hommes se retrouveraient entre eux de manière à ce que nos femmes puissent « cuisiner » Sophie. Il est impossible en effet de concevoir l'admission d'un nouveau frère sans l'accord complet de sa femme. Or, je n'étais pas sûr que Xavier avait osé lui en parler. Une visite de la serre serait le bon prétexte pour que Doudou mène l'enquête.

Quant à nous, les hommes, nous descendrions à la cave pour y faire quelques découvertes languedociennes. Très british, of course, mais nous aimons ça. J'ai créé un espace de dégustation. Fumer le Havane, ou le Semois, y est autorisé. A chaque fois, l'un ou l'autre d'entre nous cède à la tentation. Nous apprécierons le parfum de son cigare et le confort des fauteuils. J'aurai à nouveau envie de fumer mais « …soumettre nos volontés » exige, je m'en abstiendrai.

Xavier sait que je suis maçon. Je me suis dévoilé il y a six mois. Cela fait cinq ans que je l'observe. Il a été mon collègue, à La Louvière. Professeur de psychologie, il a le bon sens des gens vraiment intelligents, ce qui est rare. Il est resté lui-même malgré ses titres universitaires, ses conférences en cercles très fermés, ses sollicitations à de prestigieuses appartenances.

Dès que l'occasion s'en présentait, j'abordais des questions un peu plus sensibles. Pour lui, la maçonnerie restait mystérieuse. Il était étonnamment peu informé sur le sujet et se conformait aux préjugés largement répandus : athéisme, anticléricalisme, affairisme, sectarisme… J'ai prétexté une collaboration à un article sur le sujet, quand j'étais journaliste, pour rectifier le tir sans jamais

toutefois être trop précis. Prudence,
prudence, toujours prudence !

Je lui ai par exemple expliqué que la
maçonnerie traditionnelle, dite « régulière »
n'est pas athée. Puis je lui ai parlé du
G :.A :.D :.L :.U :., des différences
fondamentales entre maçonneries latine et
anglo-saxonne. Voyant qu'il s'intéressait de
plus en plus à ce que je lui racontais, je l'ai
invité à une tenue blanche. Je ne m'étais
toujours pas dévoilé. Je laissais planer le
doute. Lorsqu'il m'a vu congratuler les frères
que, jusque là, je présentais comme de
simples amis, il a manifestement compris.
Lorsqu'il m'a vu prendre la place du
couvreur, il a été définitivement convaincu de
mon appartenance. Je n'avais plus besoin de
longs discours.

A la fin de la tenue, il avait enfin pris
conscience de ce qu'il aimerait être accueilli
chez nous. J'étais heureux : je pourrais initier
un filleul de qualité, un esprit et un cœur au
sein desquels j'avais d'emblée perçu cette
graine d'inquiétude spirituelle qui ne
demande qu'à éclore et s'épanouir en Franc-
Maçonnerie. Ce jour-là, pour la première
fois, je lui avais fait la bise, comme à un
Frère.

Dans les mois qui avaient suivi, nous
n'avions plus parlé de rien. Je m'étais
contenté d'un laconique : « Ca t'intéresse ? »
et d'un « Oui » tout aussi bref en terminant
par un « Je fais le nécessaire ! » Quelque
part, cela fait partie du jeu. Il faut laisser
mariner le poisson, pourrait-on dire si l'on se
contente de considérer qu'il s'agit d'un jeu.
En l'occurrence, c'est tout le contraire. Il
nous paraît important de laisser du temps au
candidat pour qu'il conforte son option. Il
faut qu'il prenne une vraie décision, qu'il
veuille devenir Maçon par choix. Nous lui
laissons le temps de la reculade, voire du
refus. C'est mieux pour l'avenir. Les échecs
sont toujours douloureux : plus d'un en est
sorti meurtri.

Je le voyais bien, dans les couloirs de l'école,
m'interroger du regard. Je savais son
inquiétude. Je savais qu'il brûlait de me
demander : « Mais pourquoi ne me dis-tu
rien ? Il y a un problème ? ». Nous avions
tous vécu cela et il devait, lui aussi, vivre
cette expérience.

Ayant jugé la période de maturation
suffisamment longue, j'étais sorti de mon
silence. Il avait accepté mon invitation à

déjeuner sans être dupe. Il savait que c'était une étape vers son intégration. Il se doutait bien qu'il rencontrerait des Maçons lors de ce repas. Il chercherait sans doute à reconnaître certains visages aperçus lors de la tenue blanche. Se les rappellerait-il tous ? Fort peu probable…

Ceci dit, ce luxe de précautions pour l'admission d'un profane est plutôt rare. La procédure est d'ordinaire plus simple mais moi, je ne voulais pas me tromper. Je ne vpulais pas qu'il arrive à Xavier ce qu'il s'était passé trois mois plus tôt : un refus en fin de parcours ! Un coup de massue pour le parrain et pour l'aspirant. L'événement qui suscite rancœur et colère dans un monde conçu pour l'harmonie. Vraiment, il fallait que je me rassure et que je m'entoure…

*

* *

Midi tapante. Ils arrivent. Tout le monde prend un air détaché. Les conversations s'animent. Je sors pour les accueillir. Doudou m'accompagne, évidemment : elle tient à sa position de maîtresse de maison. Bien normal : quand j'étais mort-vivant, elle a tout partagé avec moi. Aujourd'hui que je vis, je partage tout avec elle.

Elle adore les voitures. Moi, je m'en soucie comme d'une guigne. Doudou juge tout de suite la BMW dernier modèle ! Elle est conquise par le contenant. Reste à apprécier le contenu !

Xavier sort. Je lui tends chaleureusement la main. Doudou accueille Sophie. Elles s'embrassent : bon signe ! Elle vient vers moi.

- Olivier, je suppose ? Enchantée. Xavier m'a si souvent parlé de vous. J'étais impatiente de vous rencontrer.

En d'autres circonstances, j'aurais souri d'un discours aussi emprunté. Là, je n'avais plus envie de rire du tout. Cette Sophie, ces cheveux blonds coiffés au carré, ces yeux bleus sur ce petit nez retroussé, ce visage rond, ces lèvres si roses et si fines, ce sourire pétillant, cette voix envoûtante… cette Sophie, je la connaissais ; je l'avais connue… En lui faisant la bise, j'ai immédiatement reconnu son parfum capiteux : Loulou. J'ai senti la chaleur de son corps m'envelopper,

me pénétrer. J'ai fermé les yeux. Ma joue effleurait la sienne…
J'étais transporté trente ans auparavant. Elle s'appelait Elyse.

- Enchanté également. Xavier est tellement discret à votre propos que j'aurais fini par douter de votre existence. Bienvenue à Forestaille.

Nous nous sommes dirigés, tous les quatre, vers la maison, Doudou et Xavier, Sophie et moi. Je n'osais pas la regarder. C'était impossible. Une fois de plus des lambeaux de mon passé me revenaient. Sophie n'avait pas réagi en me voyant. Je me trompais sûrement…

Nous avons pris l'apéro dans le salon. J'adore ces fauteuils en cuir où l'on plonge plus que l'on ne s'assied. C'est un bain de confort, une jouissance pulpeuse depuis les genoux jusqu'à la nuque. J'adore me frotter le dos contre les dossiers si doux, si mous. J'avoue que parfois, seul, je m'y vautre comme un enfant, pieds et bras en l'air. Je me tortille, je ris et je crie ! Ce n'est pas sérieux, je le sais, mais j'y ai droit : j'ai assez donné.

Bref, pour l'apéro, personne ne s'est vautré dans les fauteuils. Au contraire, chacun a joué le rôle que je lui avais attribué. Il fallait d'abord décoincer nos visiteurs. Rien de tel pour cela que l'apéro qui tue. Charles et Danny en avaient le secret. Nous nous sommes faits, comme souvent, notre petite mis en scène un rien macho !

- Les gars, vous nous le faites un rien plus léger que d'habitude. C'est possible ?

D'un air entendu, ils me répondent en chœur : « Oui, chef. Ce sera fait, Chef ! ». Ils se lèvent comme un seul homme et partent à la cuisine, côte à côte, en démarrant du pied droit et en ajustant les pas, comme le font les Surveillants lorsqu'ils passent les Frères en revue, en début de tenue. Les profanes n'y voient qu'une mauvaise parodie d'un défilé militaire. Je vois Xavier et Sophie un peu étonnés et je dois leur expliquer.

- Ne vous inquiétez pas. Nous nous connaissons depuis dix ans et nous avons quelques petites habitudes. Entre autres, celle de l'apéro qui tue, mais uniquement pour les hommes. Sophie, tu auras droit au Muscat pétillant, comme nos compagnes. Nous, on améliore un peu les «bulles ».

Oui, Mesdames. Vous avez raison. Ce comportement est sexiste, réactionnaire et tout ce que vous voudrez… mais ça nous fait rire. Et nos femmes acceptent le jeu parce qu'elles connaissent notre mixture et ses effets. Elles y ont toutes goûté et ont toutes déclaré forfait ! La recette ? Muscat pétillant, téquila, triple sec et mandarine Napoléon pour parts égales avec un peu de glace. Ca se boit comme du petit lait…

Je vois le regard inquiet de Sophie à Xavier. « Où sommes-nous tombés ? Qu'est-ce qu'ils nous veulent ? C'est un traquenard ? ». J'interviens.

- Pas de panique. Je vois, chère Sophie, que vous vous inquiétez. Le but du jeu n'est pas de se soûler. Simplement, c'est devenu un peu comme un rite. Si je vais chez Danny, je prépare cet apéro avec Charles. Si je vais chez Charles, je le prépare avec Danny. Si nous allons chez un autre copain, nous procédons de la même façon.

- Ah, vous avez un groupe de copains, alors ?

- Oui, c'est une espèce de club. On se voit régulièrement entre hommes, on mange, on discute. C'est très chouette et ça crée des liens. Remarquez, pour nos épouses, c'est rassurant. Elles savent au moins où nous sommes.

- Et vous vous voyez souvent ?

- Tous les quinze jours à peu près.

- C'est un peu comme un service club, alors ?

- Effectivement, on peut le voir comme ça.

Je dois gérer mes réponses et ne pas effaroucher Sophie. Il est bien trop tôt pour parler de Maçonnerie. Si nous évoquons le sujet, ce sera en toute fin de repas. Donc, mon petit Olivier, fais preuve de maîtrise, je t'en conjure. Et de la maîtrise, je vais en avoir drôlement besoin. C'est incroyable, comme elle lui ressemble. Je le sais : rationnellement, c'est impossible. La différence d'âge est trop importante, ce ne peut être elle. Ce ne peut pas être sa fille non plus… mais tout de même, quelle ressemblance ! En tout, dans la voix, dans le regard, dans la gestuelle, les mimiques, le rire… Back to the future, en quelque sorte. Le destin m'offre à nouveau l'opportunité de renouer avec l'inaccessible étoile.

Je coupe donc court et me lève.

- Je lève mon verre à Xavier et Sophie, nos invités.

- Comme un seul homme, les convives se lèvent, portent le toast à Xavier et Sophie puis se rassoient.

On se serait cru aux santés d'honneur au début des agapes. Lorsque nous avons un certain nombre de frères visiteurs ou des visiteurs d'importance, nous ritualisons le début du repas. C'est toujours très impressionnant, comme tout d'ailleurs en Maçonnerie, très sonore, très militaire… Une fois de plus, nous sommes les seuls à comprendre. Même nos épouses trouvent cela drôle, sans plus.

Les conversations reprennent. L'un commente l'apéro ; l'autre complimente Doudou pour ses verrines…

C'est Danny qui y va le premier. Il interpelle Xavier d'une manière très directe, ce qui ne m'étonne pas de lui. Il la joue sur le mode de la complicité entre gens de bonne société.

- Vous avez bien compris que nous sommes tous Francs-Maçons ici, autour de cette table.

Sophie me jette un regard un rien réprobateur, sans broncher, l'air de dire : « C'était donc ça ! »

- Evidemment, répond Xavier. En arrivant, j'ai remarqué que vous aviez tous le même autocollant qu'Olivier sur la vitre arrière de votre voiture. Pas difficile de conclure. En plus, ces derniers temps, Olivier ne me parle plus que de ça. J'en ai même discuté avec Sophie.

C'est à mon tour de la fixer : « Bon sang, tu m'as bien eu ! Tu savais… ». Elle sourit et rougit légèrement.

- Voilà qui a le mérite d'être clair. Et alors, où en es-tu ? Aimerais-tu venir nous rejoindre ?

Danny allait commencer son interrogatoire. Depuis le temps qu'il faisait ça ! Il savait comment taquiner le goujon, si j'ose dire. Sophie écoutait avec une extrême attention. Elle était en quelque sorte subjuguée par la scène qui se déroulait sous ses yeux. Je devinais toute l'admiration qu'elle avait pour son homme. Elle était exactement comme Elyse.

J'écoutais Danny. Je savais comment il allait commencer.

- Olivier t'en a parlé mais il est indispensable que j'en aie la confirmation. Tu sais que nous appartenons à la Maçonnerie Régulière qui dépend de la Grande Loge d'Angleterre. Dans cette obédience, la plus ancienne, la plus répandue dans le monde, il est absolument indispensable de reconnaître l'existence de Dieu. Je te lis le premier article de notre Constitution.

« La Franc-Maçonnerie affirme l'existence de Dieu, Etre Suprême qu'elle désigne sous le nom de Grand Architecte de l'Univers. Elle requiert de tous ses adeptes qu'ils admettent cette affirmation. Cette exigence est absolue et ne peut faire l'objet d'aucun compromis, ni d'aucune restriction. La Franc-Maçonnerie ne définit pas l'Etre Suprême et laisse à chacun la liberté de le concevoir. »

Il poursuit sans transition : il sait combien ce moment est important.

- Tu vois, nous ne mettons pas de nom sur Dieu. Ce peut être celui des Chrétiens, des Juifs, des Musulmans ou d'autres religions de par le monde. Cela n'a pas d'importance et le fait d'être Maçon n'empêche pas de pratiquer une religion. Nous avons par exemple un Frère, Alain, qui va à la messe tous les dimanches. C'est son choix, son chemin. Personne ne dira jamais rien à ça. Mais je le répète, nous ne définissons pas Dieu. C'est le G :.A :.D :.L :.U :.

Danny souffle un peu. Il s'est emballé, comme à chaque fois qu'il aborde ce sujet. Il est vrai que ce n'est pas simple.

- Si j'accepte le Gadlu, poursuit-il, je me place dans une perspective de non-finitude. J'appartiens à un Univers dont les règles de fonctionnement me dépassent, un univers qui est extratemporel et infini. Dès lors, j'appartiens moi aussi à ce monde, à l'ordre éternel et infini : je suis une part de dieu et ma vie ne prend du sens que parce qu'elle s'inscrit dans cet ensemble mystérieux.

A l'inverse, et c'est majoritairement la position de la Maçonnerie latine, accepter l'athéisme suppose que l'on se coupe de cette appartenance à l'ordre divin de l'Univers. Le

Gadlu n'a alors plus de raison d'être et la vie de l'homme ne prend de sens que par ses actes dans le monde présent. Il est donc normal, selon cette conception, que l'on parle de politique et de social en loge. C'est le cas dans certaines obédiences maçonniques comme le Grand Orient, la Grande Loge ou le Droit Humain…

Petite digression. Danny vient d'utiliser le mot « profane ». Le monde profane, c'est le vôtre. C'est celui des non-initiés. Ceci vous donne une idée de l'image que nous nous faisons de nous-mêmes. Il y a vous et nous. Depuis notre initiation, nous ne sommes plus de votre monde. Vertigineux, n'est-ce pas ?

- Ca va. Tu tiens le coup ? s'inquiète Danny. Je suis désolé mais je dois vraiment insister. Il y a encore une chose qui est importante. Ce premier article de notre Constitution précise quand même : « La Franc-Maçonnerie (…) laisse à chacun la liberté de le concevoir. » C'est un bout de phrase qui en arrange beaucoup mais en embête d'autres. Je m'explique. Si je mets un grand point d'interrogation à la place du Gadlu. Si je dis « Je ne sais pas. Je doute. Je ne peux pas affirmer que Dieu existe tout comme je serais incapable de jurer qu'il n'existe pas. » Si je tiens ce genre de propos, c'est que je suis agnostique.

Pour beaucoup de Maçons puristes, ça ne passe pas. Pour Londres, on croit en Dieu et c'est aussi simple que ça ! Sur le continent, par contre, il y a toute une catégorie de Frères qui hésitent, qui discutent. De là à dire que certains se perdent en vaines querelles byzantines, il n'y a qu'un pas. En tous cas, en ce qui me concerne, je crois au Gadlu. Je crois qu'il y a quelque chose. Ce n'est pas raisonnable mais c'est comme ça. Je comprendrais très bien que tu me dises maintenant « Non, je ne sais pas. Je ne suis pas certain que Dieu existe ». Alors je t'orienterais vers d'autres obédiences qui seront plus en phase avec tes convictions. Cela ne pose aucun problème. Ma femme est au Droit Humain. Nous avons quantité d'amis au G.O et à la G.L…

Tout le monde se tait. C'est l'instant crucial, le sommet du suspense. Moi, je sais ce que Xavier va répondre. Je n'ai aucune inquiétude. Je me dis quand même que je ne lui épargne aucune difficulté. Normalement, ce genre de discussion se fait en tête à tête ou, au moins, entre hommes. Dans ce cas-ci nos femmes sont présentes. Pour notre petit groupe, ce n'est pas un problème. Soit nos femmes sont des sœurs, soit elles sont en passe de le devenir… Nous dirons, pour d'éventuels grincheux, qu'elles ont apporté une touche de grâce et de convivialité à ce moment éprouvant.

Danny maîtrise extrêmement bien son sujet et sa mise en scène. Il sème volontairement le doute chez les néophytes pour éviter d'éventuels drames, plus tard. Les défections, comme le respect d'une orthodoxie qui flirte avec l'intransigeance, sont devenus l'obsession de nos « huiles ».

A Anvers, j'ai eu l'occasion d'aborder le sujet avec le Vénérable Grand Maître actuel. Il me disait : « Nous ne parvenons pas à atteindre la masse critique. Beaucoup trop de nos frères nous quittent ». Et je lie cette constatation aux propos d'un frère de Bouillon qui me disait : « Il est très difficile d'entrer en Maçonnerie ; il est très facile d'en sortir, peut-être trop ».

Bien sûr, il y a la part de ceux qui migrent vers la maçonnerie latine, plus intéressés par le débat séculier que purement spéculatif tel que nous le pratiquons. Mais il y en a tellement d'autres qui partent simplement pour partir, parce qu'ils n'ont pas trouvé cette fameuse Lumière que nous cherchons tous.

Voilà pourquoi, avec les Frères de ma Loge, nous avons décidé d'être encore plus sélectifs. Non sur les qualités intellectuelles des néophytes qui viennent frapper à notre porte, mais bien sur cette graine de cœur qui est pour nous la base de tout.

- Xavier, poursuit Danny, si nos Frères l'acceptent, tu seras initié chez nous. Sache bien que tu n'es qu'au tout début d'un long chemin. Si cela se réalise, tu t'engages de facto à devenir notre Vénérable Maître un jour ou l'autre. Nous serons toujours là près de toi. Dans le rituel d'initiation, nous faisons un geste qui, comme tous les autres, a un sens. Pour t'en donner une idée sans rien dévoiler, voici une partie du texte rituel : « *Les ...quelque chose que je ne peux pas te nommer maintenant... vous annoncent que tous les Maçons voleront à votre secours dans tous les circonstances si vous respectez scrupuleusement nos Lois...* ». C'est dire que jamais, si tu deviens notre Frère, tu ne seras seul. Mais attention, la Loge n'est pas non plus un cercle d'amis choisis. C'est autre chose !

- Ca fait beaucoup en une fois, intervient Xavier. A dire vrai, je suis complètement dans le brouillard tant tout ce que tu me racontes, ton jargon, tes expressions me semblent étrangers. J'ai juste compris une chose que je veux réaffirmer. Je suis en quête spirituelle. Je suis croyant, d'éducation catholique sans doute et en doute certainement. Il n'empêche que je ne suis pas athée ; ça, c'est sûr.

- Fort bien, fort bien, reprend Danny un peu irrité d'avoir été interrompu dans son raisonnement.

Manifestement, Xavier est groggy. Danny s'en rend compte. Je fais un signe à Danny : Basta !

- Excuse-moi d'être un peu lourd : la première fois, c'est toujours comme ça. On ne sait pas vraiment à quoi s'attendre…

Nous sourions tous. Connaissant le tempérament de Danny, pour le moins « viril », on ne peut que relever l'allusion !

- Bon, je reviens à ma question. Fondamentalement, crois-tu en Dieu ?

- Oui, répond Xavier, sans aucun doute.

Sa voix est ferme. Son regard franc. Il dit vrai. Sur ce point, mes Frères sont convaincus de sa sincérité. Je suis rassuré. Cet aspirant n'aura pas à souffrir comme Stéphane, Bertrand ou René. Celui-ci est sûr de son fait. Je peux le confier aux autres.

J'avance ma main gauche vers le bras de Sophie pour attirer son attention. Elle tressaille lorsque je la touche.

- Dis-moi, Sophie. Qu'est-ce qui se passerait si nous lui disions « non » ?

- Je crois qu'il en mourrait. Il ne vit plus que pour ça. Je sais qu'il a l'air froid, comme ça, de l'extérieur. En réalité, il en rêve. Il s'en fait un tel absolu qu'il lui arrive même d'en faire des cauchemars. Je ne l'avais jamais vu comme ça.

- C'est peut-être parce que ça l'intéressait depuis longtemps, comme la plupart d'entre nous. La Maçonnerie, c'est vrai que ça fait fantasmer. Beaucoup en parlent mais peu nombreux sont ceux qui y connaissent réellement quelque chose.

- Sans doute. Pourtant, c'est parce que c'est toi qui lui en a parlé qu'il est si troublé. Je crois que tu comptes pour lui.

Je ne dis rien. Cette réponse n'exige aucun commentaire. Je la regarde….

- Et toi, qu'en penses-tu ?

- Moi, je veux qu'il soit heureux. Alors, je le serai aussi. Nous sommes tellement liés !

- Tu réalises bien qu'il va devoir s'absenter parfois plusieurs soirées par mois pour nos tenues, pour des visites d'autres loges, pour des séminaires…

- On verra bien. De toute façon, je crois que c'est un passage obligé. Il n'est pas le premier et je ne suis pas la première, pas vrai ?

Chapitre 5. Manœuvres d'approche

L'après-midi s'est remarquablement bien passé. Les voilà maintenant repartis. Je savais que Xavier se retournerait une dernière fois pour me regarder, avant de monter dans sa voiture. De l'avoir vu si ému, si tendu, si inquiet durant ce repas me rappelle « ma jeunesse », l'époque où je rêvais d'être admis, où je guettais le moindre signe, où j'interprétais la moindre allusion. Tous nous avons vécu cette sensation, cette aventure. C'est fou comme tous, nous nous sommes pris au jeu. « Devenir Franc-Maçon ; je vais devenir Franc-Maçon. Quel honneur ! ». Oui, tous nous avons connu ces moments d'exaltation à la seule idée de pouvoir, un jour, être admis dans ce monde si mystérieux.

A la réflexion, j'ai tout de même fait l'objet de pas mal de sollicitations, et toutes à la même époque, entre trente-cinq et quarante ans. C'est l'âge d'ailleurs où la plupart d'entre nous entrons dans l'Ordre. Remise en question, recherche de sens, de valeurs… La Maçonnerie attire parce qu'elle est supposée offrir des réponses à des questions existentielles. En réalité cependant, il faut bien admettre qu'aucun de nous ne sait à quoi il s'engage. Personne ne sait rien avant d'être initié et encore, il faut des années avant de commencer à comprendre un tout petit peu ce que l'on fait là : l'apprentissage ne finit jamais. L'essentiel se passe à l'intérieur ; c'est le travail sur soi ; c'est l'exploration de notre cœur, de notre âme. Cette quête est intimement liée à la recherche spirituelle, à la construction de la Jérusalem céleste, à l'infiniment grand.

Décoder les images, interpréter les symboles, écouter les planches, lire les écrits… voilà notre lot quotidien. En cela, il y a un avant et un après. Un profane vit dans la Ténèbre. Un Maçon cherche la Lumière !
Avant l'initiation, personne ne soupçonne le quart de la moitié du tiers de tout cela. Dès lors, prêter un serment de Maçon est un acte de folie, ou de foi, ou des deux : on s'engage pourtant, on jure sur le volume de la Loi Sacrée…

Le tout premier à m'avoir abordé, c'était Yves L :., vétérinaire de son état. Je l'avais rencontré à l'occasion d'un reportage pour La Nouvelle Gazette. J'étais pigiste à cette époque. Ce type était un géant. Un visage rond, des épaules d'armoire à glace et des mains comme des pelles. Il faut dire qu'il faisait dans le gros bétail : rien à voir avec le métier de dentellière binchoise. Il avait manifestement apprécié mes articles et m'avait offert le coup à plusieurs reprises. Il y avait une grande cheminée ouverte dans son salon et l'air embaumait la fumée de chêne. On se serait cru dans un chalet ardennais. Je me le rappelle très bien : je tenais un verre de vin en main. J'étais assis dans un Voltaire au velours rouge. Les bûches crépitaient. Il avait été on ne peut plus clair.

- On ne t'a jamais proposé d'entrer en Maçonnerie ?

A l'instant, ma main s'était mise à trembler. J'avais épanché quelques gouttes de vin. J'étais submergé par l'émotion : pour la première fois, je parlais à un Franc-Maçon. Yves était puissant. Il émanait de lui comme une force intérieure. Il rayonnait. J'étais entré dans sa sphère. C'est bien là que le premier choc a eu lieu. Et je me demande maintenant pourquoi nous ne nous sommes plus revus. Peut-être parce que lui-même était occupé ailleurs, peut-être parce qu'il avait jugé qu'il s'était dévoilé trop tôt. Je n'ai jamais eu d'explication. La seule certitude que j'aie c'est que trois ans plus tard, nous

nous sommes rencontrés par hasard sur le parking d'une station d'essence à Le Roeulx. Il est venu vers moi en souriant et m'a embrassé en Frère. Il m'a dit : « Je te suivais. Je suis heureux pour toi ». Puis, il a tourné les talons.

Ensuite, il y avait eu Murielle, une ancienne collègue du Vif/L'Express. Elle m'invitait au Droit Humain. A l'époque, j'étais encore un peu trop gouverné par mes hormones. Je n'ai pas osé entrer dans une loge mixte. Même après mon initiation chez les Réguliers, un ami m'avait invité au Grand Orient, à Genappe. Cela se passait au restaurant « Le Moderne » à Soignies.

- Désolé, il y a un mois que j'ai été initié…

Cela avait pris du temps. Depuis un an, j'étais entré au Rotary. C'étaient mes qualifications de journaliste indépendant plus que ma personne qui avaient, à mon avis, persuadé les honorables membres de ce club à m'inviter. Pour moi, c'était une forme de reconnaissance. Moi, le fils d'ouvrier, j'étais admis dans le monde de ces bourgeois que je jalousais et enviais depuis si longtemps. J'avais reçu mon pin's ! J'appartenais à une société restreinte, très sélective dans son recrutement. Ma vanité y trouvait son compte.

Un soir où nous avions refait le monde, une fois de plus, mon ami Patrick et moi nous étions isolés dans un coin du restaurant. Insensiblement, notre discussion était passée du registre politique au philosophique. Petit à petit, il avait amené le thème des loges, m'avait posé des questions, avait cherché à savoir ce que j'en connaissais. Plus ou moins consciemment, je l'avais suivi sur son terrain. De Saint-Feuillien en Saint-Feuillien, je m'étais fait plus loquace. J'avais finalement livré toute ma curiosité voire ma fascination pour cet univers si lointain. Après une petite heure de discussion, nous avions rejoint les autres amis. Il n'avait juste dit : « Tu as le profil », phrase pour le moins sibylline qui m'avait pourtant interpellé : je venais de passer mon premier test d'aspirant maçon.

Alors que je le voyais tous les mardis, il n'avait plus abordé le sujet pendant près d'un an. Je n'osais pas l'interroger de crainte de trahir une impatience qui aurait pu paraître déplacée. Puis, il était revenu vers moi.

- Tu te souviens que nous avions parlé de maçonnerie, il y a près d'un an.

- Evidemment ! Comment veux-tu que j'aie pu oublier ça ?

- Tu as trouvé que c'était long, n'est-ce pas ? Franchement, je dois te l'avouer , tu ne pourras pas entrer dans ma loge. J'ai présenté ton profil de manière informelle, avant de commencer la procédure d'admission qui est très lourde et très longue. Je n'ai pas voulu risquer de t'exposer à un refus : c'est trop douloureux. Donc, j'ai pris la température. Tout était nickel chez toi : ta famille, ton boulot, tes amis... aucun problème ! Mais il y a un « mais » : tu sors de l'Université Catholique de Louvain ! Il y a chez nous quelques vieux rabiques qui ne jurent que par la laïcité et qui, d'office, sans même te connaître, t'auraient rejeté. J'ai voulu éviter ça.

- Bon, c'est râpé, alors. Tant pis, c'est que ça ne devait pas arriver.

J'étais tout de même secoué. On me jugeait sans me connaître. Ce n'était pas moi qui avais choisi mon université : c'étaient mes parents qui avaient payé mes études. Et clac,

ça suffisait ! C'était fou. Moi qui croyais
que la Maçonnerie était un monde
d'ouverture d'esprit, de tolérance… J'en étais
pantois.

Pierre a bien cherché à m'expliquer sans
vraiment me rassurer.

- La Maçonnerie, comme beaucoup de
sociétés, est un monde d'hommes…
imparfaits par définition. « Vous ne serez
jamais déçus par la Maçonnerie mais bién par
les Maçons » m'a un jour dit un ami : il avait
bien raison.

- Tu te rends compte que pendant toute une
année, j'ai attendu que tu m'appelles, que tu
me parles. Et voilà le résultat : c'est moche ;
c'est décevant.

- Attends. Tout n'est pas fini… Il y a une
solution. En réalité, tu ne le sais peut-être
pas, mais il y a plusieurs tendances dans la
franç-maçonnerie. Si nous, à la Grande Loge,
nous sommes plutôt de tendance agnostique,
il y a une obédience déiste, la Grande Loge
Régulière de Belgique. Là, le fait de sortir
d'une université catholique ne pose aucun
problème.

Il a prononcé le mot « déiste » !
Immédiatement, je fais le lien avec les propos
d'un de mes collègues, Jean. Il fréquente
beaucoup les milieux laïques. Il a une
fâcheuse tendance à se présenter comme le
« Monsieur Je sais tout » mais il a un fameux
carnet d'adresses. Il nage dans toutes les
eaux : c'est ce qui, outre son caractère
exubérant, fait son charme. Jean m'a souvent
parlé des « déistes » et chaque fois avec une
forme de mépris, sur un ton qui laissait
entendre qu'ils n'étaient pas de vrais maçons.
A l'en croire, ils ne constituaient qu'une sous-
catégorie. Et c'est de cela que Pierre me
parlait. Je me suis tu mais j'ai
immédiatement eu l'impression d'être soldé,
vendu au rabais, fourgué dans une remise de
fond de jardin alors que je cherchais le grand
soleil.

- La maçonnerie régulière est relativement
récente en Belgique. Elle a été créée en 1979
par des membres du Grand Orient et de la
Grande Loge qui voulaient, disaient-ils,
retourner aux sources, celles d'une
maçonnerie plus spiritualiste.

- Tout ça me paraît fort compliqué. Tu ne
m'avais jamais dit qu'il y avait des

dissensions. Je croyais en un monde fait
d'universalité.

- Encore une fois, ce sont des sociétés
d'hommes. Il y a différentes sensibilités mais
toutes vont dans le même sens : la recherche
de la vraie lumière.

Subitement, Patrick se trouvait
métamorphosé. Il n'était plus l'ami que je
fréquentais tous les mardis mais un être
inspiré qui s'exprimait sentencieusement,
comme s'il était ailleurs. Je ne l'avais jamais
vu dans cet état. A ce moment, il a perçu mon
regard éberlué. Il s'est repris et est revenu
vers moi.

- Je te laisse réfléchir. Je t'appellerai en fin
de semaine. Prends ton temps avant de me
répondre. Si tu es d'accord, je donnerai tes
coordonnées à un frère de cette obédience et
il te contactera.

Sans bien m'en rendre compte, j'étais entré
en maçonnerie. Du moins, je pensais que
toutes les conditions étaient réunies. Je
deviendrais un fils de la Lumière. Ce n'était
malheureusement pas un libre choix.
Pourtant, au cœur de mon itinéraire
maçonnique, je croirai vraiment être fait pour

cette voie. Dans l'instant, pourtant, mon orgueil était blessé. J'avais le sentiment d'avoir été soldé. Mais mon envie de devenir Maçon, à tout prix, était la plus forte : « Un voile épais me couvrait les yeux ».

Chapitre 6. Jean-Pierre

Il y a douze ans, j'en étais à un point où
Xavier se trouve aujourd'hui ; je voyais
l'initiation comme le marathonien qui
cherche la ligne d'arrivée : un but en soi. Ce
n'est pourtant qu'un départ. Encore faut-il
franchir toutes les étapes pour y arriver !

Ce devait être en été. Nous nous étions
baignés dans la piscine. Les enfants avaient
invité des copains. Ils allaient et venaient
dans la propriété comme des moineaux en
quête de fraîcheur. Ca montait, ça descendait,
ça criait, ça riait : un carnaval de bonheur. Le
téléphone sonne. Je décroche dans le
tumulte.

- Monsieur Berteaux ? Jean-Pierre Ducreux.
Patrick m'a demandé de prendre contact avec
vous. Vous savez de quoi il s'agit, je
suppose.

- Excusez-moi, mais les enfants sont à la fête
et je vous entends mal. Vous pouvez répéter ?

- Est-il possible que je vous rende visite un de
ces jours ? Il s'agit de l'Ordre dont Patrick

vous a parlé.

- Oui, bien sûr. Vous permettez un instant. Je dois prendre mon agenda.

Quel menteur ! J'étais en vacances, dès lors libre comme l'air. Je voulais cependant faire « sérieux », comme un businessman fort occupé. On n'entre pas chez « ces gens-là » comme un plouc. Il fallait que je tienne mon image. Nous fixons le rendez-vous, à la maison.

Le jour dit, l'heure dite, voilà mon Jean-Pierre qui débarque. Le choc : il roule en Renault. Et un petit modèle, en plus ! Je ne l'imaginais pas en Rolls Royce mais tout de même, ça fait minable ! Moi, j'avais mis mes deux BMW bien en évidence sur le parking de manière à montrer que je n'étais pas n'importe qui, que j'avais les moyens d'assurer, que j'appartenais à une monde dont le niveau social n'était pas des moindres. J'avais tout faux. Ce gars-là, je ne l'impressionnerais pas avec mes voitures.

J'avais pourtant tout préparé. Le champagne était au frais. J'avais augmenté ma collection de whiskies. Ma femme était là : chose rare mais elle avait bien compris qu'elle pourrait y gagner. Elle soignait son image de bonne épouse. Les zakouskis étaient au frigo. Tout était prêt, organisé, structuré : ce que j'aime.

En sortant de sa voiture, Jean-Pierre aperçoit Alexandre qui essaie de réparer la roue de son quad. Il me salue à peine et fonce vers le gamin en me passant littéralement sur les pieds.

 - J'adore la mécanique, me jette-t-il.

Complètement éberlué par cette attitude incongrue, je le suis.

- Il faudrait un tuyau pour faire levier sur la clé. Tu n'as pas ça ? »

Et il me tutoie en plus ! Nous ne nous connaissons même pas. Il entre chez moi, me néglige et il me fait déjà courir comme un lapin. C'est quoi ce type ? Stratégie, objectifs : il faut savoir plier pour ne pas casser. Je m'en suis fait une religion… et ça rapporte.

Il y va avec le tube à gaz que j'ai déniché dans le garage. Evidemment, il casse le boulon. Je suis bon pour retourner chez le marchand qui va encore me faire payer un pactole pour la réparation. Merci, Jean-Pierre. C'est un premier contact merveilleux.

- Pas de chance ! Je pensais que les boulons étaient plus solides. C'est du japonais, je suppose. Mauvais !

Incroyable ! Il s'installe dans sa goujaterie. Il n'a même pas parlé au gamin qui s'est mis à pleurer. Fâché, j'interviens.

- Ne t'inquiète pas, mon fils. Nous irons demain au garage. En attendant, je vais expédier ce gars.

Je me tourne vers Jean-Pierre.

-Monsieur, nous n'avons pas l'honneur de nous connaître. Patrick vous a envoyé. Fort bien ! Mais ici, je suis chez moi ! Vous avez cassé le quad de Mon fils. Je vous invite à reprendre votre voiture et à rentrer chez vous. Merci.

Il éclate de rire.

- Ah bien, voilà. C'est ce que cherchais : un gars qui en a. Tu as déjà tes priorités. Ta famille est plus importante que tout. Je pense que ça va bien se passer. Tu m'offres un coup ?

Que fallait-il faire ? Le chasser, céder, accepter la dérision ? J'ai gardé mon costume, ma cravate, ma fierté, mes prétentions et je l'ai fait entrer. Je ne savais pas qu'il aimait le whisky à ce point !

- Fais-toi initier chez eux, m'avait dit Patrick. Dès que tu auras atteint le grade de Maître, tu pourras nous rejoindre.

Il faut savoir s'adapter, c'est sûr. N'aurait-ce pas été une forme de trahison, de mensonge que de faire semblant, que de m'engager dans une voie que je pensais déjà quitter ? Mon idéalisme ne s'en accommodait pas. Je m'étais toujours considéré comme un seigneur chevauchant noblement son destrier, affairé à défendre la veuve et l'orphelin entre autres nobles causes. On me poussait à jouer l'agent double, à marcher sur ma fierté, à manger ma parole. Dire que cela ne me plaisait pas est un véritable euphémisme. J'étais proche du dégoût de moi-même car je savais que je le ferais. J'allais prendre l'apparence de l'anoblissement en m'avilissant. Quelle horreur ! Comment pourrais-je, après cela, encore me regarder dans mon miroir ?

Par contre, l'appartenance à la tradition anglo-saxonne me ravissait. J'avais toujours été fasciné par la Grande-Bretagne, sa culture et ses traditions.

J'avais juste douze ans. Je débutais le Collège. J'avais suivi quelques cours d'anglais mais si peu. Comme tous les mercredis, j'allais acheter mon journal Spirou chez le libraire des Carrières à Soignies. En entrant dans le magasin, je vois, près du trottoir, un jeune garçon en pleurs. Ce devait être un Shapien parce qu'il avait un vélo américain comme on en voyait dans les feuilletons tv. A ma sortie, il pleurait toujours, et de plus belle ! Je me suis approché.

- Hello. Why are you crying ?

- I'm lost…

De fil en aiguille, mot par mot, morceau de phrase par morceau de phrase, j'ai finalement réussi à comprendre qu'il avait été lâché par son groupe d'amis. Il m'a expliqué à quoi ressemblait sa maison, en fait, un appartement dans une tour. Comme il n'y en avait qu'une à cette époque pour toute la ville, j'ai pu le ramener chez lui. Ses copains m'ont accueilli en héros et m'ont dit plein de choses que je n'avais pas comprises.

J'avais cependant retenu une chose : j'étais devenu le copain des Shapiens et je pourrais jouer avec eux quand je voudrais. Quand je suis rentré à la maison, j'ai bassiné les oreilles de ma grand-mère avec une histoire de plus en plus longue où les détails de plus en plus extravagants s'accumulaient au fil des heures. Néanmoins, de ce jour, je suis complètement anglophile. Dès lors, entrer dans une Loge d'inspiration anglaise non seulement me ravissait mais surtout venait à la rencontre de mes espoirs d'enfant les plus fous : si tout marchait bien, je deviendrais un peu Anglais !

Chapitre 7. Préparatifs

Je ne sais pas comment il faisait pour
aménager ses horaires professionnels mais
Jean-Pierre était très libre. Il passait à la
maison deux ou trois fois par semaine. Il
avait toujours un prétexte. Une fois, il
s'agissait d'aller récupérer la moto qu'un ami
lui avait prêtée. Une autre fois c'était
« Comment vas-tu ? J'ai justement une heure
de liberté devant moi. Je peux passer ? » Et
il s'installait, tout sourire, dans le salon ou sur
la terrasse, suivant la météo.

Avec les mois qui passaient, il prenait ses
habitudes. Il s'était même approprié un
emplacement de parking, sous mes pins noirs.

Il avait de ces propos, parfois. Nous roulions
dans le village.

- Tu vois cette maison ici à droite ? Et bien
c'était celle d'un Frère. Il a fait faillite et a
divorcé. Il vit maintenant au Luxembourg.
Les divorces sont très fréquents chez nous.

Il m'avait dit ça d'une manière parfaitement
badine, comme si c'était normal. Voulait-il
encore une fois me tester ? Jouait-il

simplement avec mes pieds ? Je crois plutôt que c'était un avertissement.

En tous cas, il trouvait ça bien comique. Il en riait tellement que j'ai cru, à un moment, qu'il allait s'étrangler au volant. Son grand corps maigre était agité de spasmes. Il devenait mauve, toussait. Dès qu'il reprenait son souffle, à voir ma mine inquiète, il riait de plus belle. Moi, je trouvais la situation beaucoup moins drôle. D'abord, je trouvais son attitude grotesque. Ensuite, il me faisait mal. Il mettait le doigt là où je souffrais.

Depuis la mort de son père, Anne avait beaucoup changé. Elle ne vivait que de souvenirs. C'était tellement évident qu'un soir après souper, excédé, je lui avais asséné bruyamment : « Mais enfin, je ne suis pas ton père. Je suis ton mari, nom de dieu ! ». Je croyais la faire réagir. Je pensais qu'elle allait sortir de ses gonds, m'insulter, me vomir… comme souvent. Non. Elle s'était recroquevillée et avait commencé à pleurer, doucement, comme un petit enfant. Je n'ai pas pu m'empêcher de lui caresser doucement les épaules, pour la réconforter mais elle a brusquement levé la tête et m'a asséné un « Ne me touche pas. Tu n'as jamais été à sa hauteur et tu ne le seras jamais ! »

J'ai retiré ma main. J'ai reculé, effrayé par la soudaineté et la violence de sa sortie. J'ai failli en tomber à la renverse. Qu'était-ce encore que cette histoire ? Ne plus la toucher ? Pas à la hauteur ? Je croyais pourtant avoir tout fait pour lui plaire, pour la satisfaire. J'avais bel et bien travaillé comme un âne bâté. J'avais accumulé tous les signes de la prospérité. Je lui offrais la vie qu'elle avait voulue. Ce n'était manifestement plus assez ! J'avais pourtant renoncé à tout ce que j'aimais pour elle : Elyse d'abord puis les amis, les choses simples comme le jardinage ou un feu de bois à la soirée, raconter des histoires aux enfants et même, tout simplement, manger tous ensemble à table…

Je m'étais trompé sur toute la ligne. J'avais un bonheur Canada Dry, comme dans la pub : « Ca ressemble à du bonheur, mais ce n'est pas du bonheur ». Je commençais tout doucement à me dire qu'il fallait je trouve de nouvelles valeurs. Elles m'aideraient à tenir le coup. Oui, d'autres valeurs pour être plus fort. C'était cela, à ce moment, que je venais chercher en maçonnerie : un univers où je pourrais exister en moi-même, un monde où je serais reconnu. Oui, c'était bien ça…

Avec l'automne et ses soirées plus fraîches,
les visites de Jean-Pierre avaient commencé à
s'espacer. Anne l'avait bien remarqué.

- On le voit moins souvent ton copain. Il y a
un problème ? Tu as encore foiré, ça aussi ?
Pourquoi « Encore foiré », qu'est-ce que ça
veut dire ?
Tu ne vas tout de même pas croire que tu
réussis tout ce que tu fais, non ? Tu parles
beaucoup mais je ne vois pas beaucoup de
résultats…

Je ne répondrais pas. Je sentais venir
l'oignon. C'était sûrement un de ces jours où
le Martini blanc s'était étrangement évaporé
de sa bouteille, comme par enchantement. Il
fallait alors qu'elle morde et j'étais son os
préféré. Je ne m'y habituais pas mais je
faisais comme si je m'en moquais. Le plus
pénible, c'était lorsqu'elle tenait ce genre de
discours en présence d'amis. Personne n'était
dupe, heureusement. Les regards
compatissants me servaient de bouclier.
Néanmoins, j'avais connu des moments plus
heureux. Je voulais croire que, lorsqu'elle
aurait fait son deuil –car c'était bien ça son

problème-, nous pourrions reprendre une vie de couple, et de famille, normale. Patience, patience silencieuse, sainte patience !

*
* *

Je commençais tout de même à m'inquiéter. Ça n'avançait pas ! Jean-Pierre m'avait bien assuré que le dossier suivait son cours mais bon sang que c'était long ! Enfin, un soir, il m'appelle.

- Allons, je crois que je t'ai fait assez attendre. Je t'explique la situation. Hier soir, nous avons eu une réunion de la COD, la Commission des Officiers Dignitaires. Plus tard, je t'expliquerai exactement ce que c'est. Pour le moment, il te suffit de savoir que ça existe. C'est en quelque sorte le gouvernement de la loge. Nous avons désigné deux maîtres enquêteurs qui te rendront visite sous peu. Ils feront chacun un rapport. S'ils sont positifs, tu seras convoqué devant la COD. Elle décidera ou non de poursuivre. Tout peut s'arrêter là. Dans le cas contraire, tu seras convoqué dans notre loge, devant tous les Frères, qui eux aussi t'interrogeront lors du « passage sous le bandeau ». Ensuite, ils voteront. La règle est la suivante chez nous. Si plus de dix pourcents des Frères choisissent une boule noire, tu seras définitivement refusé. Sinon, nous procèderons à ton initiation.

Je ne suis pas très fort en maths mais je me dis qu'il y a intérêt à ce qu'ils soient nombreux ce jour-là. Deux « non » sur vingt votants, c'est fini ; la même chose sur quarante, ça passe ! Alea jacta est.

Chapitre 8. Les enquêteurs.

Une voix rocailleuse au téléphone. Il roule ses « r » comme un Borain.

- Bonsoirrrr. Monsieur Belteaux ?

- Olivier Berteaux, oui.

- Je vous appelle de la parrrt de Jean-Pierrr Ducleux.

Juste le temps de « reconstituer ».

- Oui, oui. Jean-Pierre Ducreux. Je le connais, oui. Que puis-je faire pour vous ?

- Et bien c'est-à-dirrre qu'il faudlait bien que nous nous lencontlions, vous savez sans doute poulquoi !

Yes ! C'était un de ces fameux enquêteurs.

- Bien sûr, Monsieur, j'attendais votre appel avec impatience, je dois vous l'avouez.

- Jean-Pierrr ne vous a pas dit que la patience est une glande veltu ? Il n'y a pas que vous, Monsieur, qui venez flapper à notrrre polte.

Vous n'êtes pas seul. Alorrr, un peu de letenue, s'il-vous-plaît.

- Excusez-moi, je voulais seulement dire que je serais très heureux de vous accueillir chez moi.

-Quand est-ce que c'est possible ?

Nous prenons rendez-vous. Il raccroche sans autre forme de procès. Ce gaillard n'a pas l'air commode. J'essaie de l'imaginer. A son accent, c'est sûr, il doit être Borain ou alors, de la région du Centre. Ce n'est ni un avocat, ni un médecin. C'est quelqu'un qui a gardé l'accent du terroir. Il a dû être éduqué dans un milieu ouvrier : il n'y a que là qu'on parle ainsi. D'ailleurs, c'est à peine s'il ne m'a pas parlé en wallon ! Il doit être entrepreneur ou quelque chose comme ça. Oui, je le vois bien sur un chantier, en train d'engueuler ses hommes. Vraiment, il ne doit pas être commode. C'est un grand gaillard. Sa voix grave est alimentée par de fameux poumons. Un mètre nonante, dans ces eaux-là. Le teint un peu rougeaud : il doit aimer une bonne bière et la bonne chair en général. Il ne souffre pas la contradiction : c'est un homme autoritaire. Voilà le portrait que je m'en fais. Je verrais bien dans une semaine !

Il pleut des cordes. Il fait noir. Il fait froid.
Cette grande baraque est impossible à
chauffer. Elle me bouffe vingt mille litres de
mazout par an dont la moitié pour une piscine
où l'on ne se baigne presque jamais. Oui, les
piscines. Le grand luxe. Il n'y a qu'à faire
coulisser les portes fenêtres de la cuisine et
plouf, on est dans l'eau… ou presque. Il faut
d'abord relever la bâche qui limite, tout de
même, l'évaporation sinon, c'est le sauna.
Un fois, j'avais débranché le thermostat.
L'eau avait atteint 32°C. Il neigeait dehors.
Je nageais dans un rêve. Quand j'ai vu la
note de mazout, j'ai plongé dans un
cauchemar. Bref, j'ai froid dans ma grande
baraque. Ce Monsieur, dont je ne me rappelle
pas le nom n'est toujours pas arrivé. Il y a
plus d'une demi-heure qu'il devrait être là. Je
n'ose pas prendre un verre, histoire de me
calmer : je sentirais l'alcool. Très mauvaise
impression. Téléphone.

- Monsieur Belteaux ?

- Pas de doute, c'est lui !

- Je suis bien à Epinois mais je ne tlouve pas
votle mézon. Je vous explique où je suis : le
Lelais de Buvlinnes. Vous voyez où c'est ?

- Oui, oui. Ah, je vois. Vous vous êtes
trompé de route en sortant de Binche.
Beaucoup de personnes font la même erreur.
Je vais vous expliquer. Et je me lance dans
une description du réseau routier campagnard
digne des Chouans de Balzac. Evidemment,
il n'y comprend rien. Il faut être du coin pour
ne pas se perdre dans ce dédale de chemins
campagnards mal éclairés. Finalement, il n'y
a qu'une solution.

- Ecoutez, on ne va pas perdre de temps : je
viens vous chercher. Je serai là dans dix
minutes.

- Qu'avez-vous comme voiture ?

- Une Jeep. Je suis en face du lestaurant.

- J'arrive.

Zut, zut et rezut. Cette pluie est vraiment
froide. Je navigue entre les flaques jusqu'au
resto.
Pas de Jeep ! Je m'arrête. Deux phares
s'allument, en face. Quelqu'un me regarde
fixement. Ce ne peut être que lui. Je sors de
la voiture. Il baisse sa vitre.

- Bonjour, Olivier Berteaux.

- Bonjoul. Quel temps, n'est-ce pas ? Ne lestez pas là. Passez devant. Nous felons connéssance chez vous.

Et puis, et puis ? Non, je ne vais pas vous assommer avec une nouvelle description de ce qui s'est passé. C'est, en gros, mais de manière individualisée, ce que nous avons fait subir à Xavier. Là, c'était une première approche. Ici, les enquêteurs veulent en savoir davantage, c'est-à-dire à peu près tout. Votre couple ? Vos enfants ? Votre boulot ? Bien, pas bien, pourquoi ? Ils vous noient dans un océan de questions dont vous ne percevez pas la cohérence. L'objectif est multiple. Je le comprends maintenant.

Il faut d'abord s'assurer que le néophyte a une véritable motivation à devenir franc-maçon et là, ce n'est pas toujours donné. Il y a des mots magiques que nous voulons entendre. Ces mots, on ne nous en a pas donné la liste durant un séminaire de maîtres, non. Ce sont des mots qui traduisent les intuitions qu'a le néophyte de ce que nous sommes, les « land marks ». S'il les utilise ou les évoque, c'est qu'il est dans la même quête que nous. Dès lors, nous pouvons espérer qu'il sera en phase.

J'ai bien dit « espérer » parce que nous nous trompons parfois. Entre l'idéal maçonnique et la réalité du vécu quotidien, il y a souvent de la marge ! Je ne veux pas ici « cracher dans la soupe ». Je n'entends pas dénigrer l'Ordre. Je veux simplement un peu démystifier, un peu recadrer. Les Maçons ne sont que des hommes. S'ils sont initiés à des mystères ; s'ils suivent une voie ésotérique et symboliste ; s'ils cultivent une sensibilité humaniste et mystique à la fois... bref, s'ils ne sont pas comme tout le monde, ils ne sont cependant ni parfaits ni infaillibles ni totalement détachés des valeurs et contraintes profanes.

Prenons le cas de René. Je l'observais dans son bar, au début de cette histoire. Pourquoi pensez-vous qu'avec Jean-Pierre, nous disions pensivement « Il ne sait encore rien » ? Tout simplement parce qu'il ne sait pas ce que nous savons de lui, parce qu'il joue un personnage et croit nous duper alors que nous maîtrisons parfaitement son jeu. Nous savons qu'un jour il se regardera vraiment dans son miroir et qu'il comprendra que la Maçonnerie accepte l'imperfection pourvu qu'elle évolue dans le bon sens. C'est une des règles de base de l'Ordre. Chez nous, personne ne trompe personne. Ce n'est sûrement pas un Apprenti qui trompera l'œil d'un Maître.

Ainsi, notre René, notre commercial d'entreprise, a été parrainé par Charles. René aime faire plaisir. René aime servir. René se coupe en quatre pour plaire. Il veut toujours aller dans le sens de son interlocuteur et le séduire. Comme la plupart de ceux que nous invitons à nous rejoindre, à qui nous parlons de Franc-Maçonnerie, notre René a voulu se mouler sur ce qu'il pensait être le profil du bon Franc-Maçon, c'est-à-dire, pour l'homme de la rue, athée, anticlérical, bouffeur de curé, etc. Charles a été remarquable sur ce coup-là. Il n'a rien précisé quant à notre obédience : il a laissé faire. Il avait senti que René avait cette inquiétude existentielle qui nous intéresse et nous rassemble. Il connaissait bien le personnage et utilisait d'ailleurs ses compétences professionnelles pour le développement du club de rugby dont il était président. Il lui avait laissé la bride sur le cou, au risque qu'il se le rompe. Il lui avait demandé de rédiger une lettre de motivation qu'il avait soumise à la loge. Les propos de René y étaient suffisamment flous, nous dirons qu'ils relevaient d'un registre d'intention tellement artistiquement confus, que nous avions décidé de poursuivre l'enquête, pour voir. La commission des officiers dignitaires avait désigné deux enquêteurs, Bertrand et Sylvain.

Sylvain ? Ah ! Sylvain… J'ai mis des années à me rendre compte qu'il n'était pas plus grand que moi. C'est dire sa stature. Il est magnifique, au sens de grand. Il est rassurant car il incarne la confiance. Il est généreux sans être charitable. Il est simple sans rejeter ni le luxe ni la bonne chair, ni le plaisir. Il sait ne pas être esclave. Il est donc fort. Il a un défaut, à mon avis. En loge, il veut toujours concilier, rassembler, arranger quand se profile l'ombre d'un différend. J'aime, moi, que l'on s'engueule une bonne fois, entre hommes, mais c'est ainsi qu'est fait Sylvain !

Voilà mes deux enquêteurs. René attend. Bertrand peut entrer en scène, le premier.

C'était aussi en automne. René avait tout préparé, en professionnel. Il avait savamment concocté un subtil mélange de raffinement sobre, si j'ose dire. Sa villa du Brabant wallon n'était pas un pavillon de banlieue. Il fallait donc que l'accueil soit en harmonie avec le cadre. Champagne au frais, whiskies choisis, quelques apéritifs de marque et divers sodas en cas de besoin. Pour ce qu'il en savait, les Maçons aimaient bien vivre. Pourquoi appelleraient-ils leur repas du soir « agapes » s'il s'agissait d'un menu frugal fait de pain sec et d'eau ? René connaissait Charles. Il était certain d'avoir deviné, comme moi, à pareille époque !

Pas de chance, Bertrand ne boit pas. Quand je dis pas, c'est pas ! Ancien négociant en vins et spiritueux, il a complètement rejeté le monde de l'alcool sous toutes ses formes. Il ne renie rien cependant. Il m'aide souvent et me conseille pour étoffer ma cave. Il hume, simplement. Il connaît mes goûts. Il a le vocabulaire qui me parle : je comprends. Je goûte. J'aime… le plus souvent.

Bertrand n'aime pas ce rôle « d'inquisiteur ». Il préfère ses pinceaux et l'objectif de son appareil photo. Il sait tout de même, avec sa sensibilité d'artiste, juger les choses en l'état quitte à les magnifier ou à les enlaidir.

- Je me permets de tutoyer, tu n'y vois pas d'inconvénient, je suppose… entame-t-il.

Bien sûr que non. Charles m'a dit que c'était la règle chez vous. Je veux dire, chez nous bientôt, si je n'exagère pas...

Ca, c'est déjà très mauvais. A écrire cette scène que je n'ai pas vécue, mais que Bertrand m'a rapportée, j'ai des frissons. C'est exactement ce que nous –et je dis bien nous- détestons. Pour qui se prend-il celui-là ? Ce n'est pas parce que l'un de nous s'est dévoilé que toute la Loge va l'accueillir à bras ouverts. A ce stade, il n'est rien, surtout pas notre égal. Il est en demande et rien d'autre. Nous décidons !

Bertrand fait immédiatement marche arrière.

- Nous allons garder le vouvoiement pour l'instant, cela me mettra plus à l'aise. Plus tard, comme vous le dites, nous pourrons sans doute nous tutoyer. Laissons le temps au temps.
Comme vous voulez.

Il paraît que René a pâli tout d'un coup, comme si Bertrand lui avait asséné un énorme coup de marteau sur la tête. Décidemment, rien ne se passait comme il l'avait imaginé. Ce visiteur, qui était pourtant un ami et même un Frère de Charles, ne lui manifestait aucune sympathie.

- Bien, fait-il d'un air embarrassé. Vous prendrez bien quelque chose. J'ai toujours du champagne au frais mais si vous préférez un whisky, j'ai ce qu'il faut.

- Un verre d'eau sera parfait. Je ne prends jamais d'alcool.

- Vous êtes sûr ?

- Absolument certain.

Le ton de Bertrand ne souffrait aucune contradiction. Il savait interpréter son rôle à la perfection. En plus, ce profane, il ne le sentait pas : trop aimable, à la limite de l'obséquiosité. Mais bon, après l'affront que Charles avait subi, il fallait bien poursuivre l'entretien.

- J'imagine que Charles vous a un peu informé de ce qu'est vraiment la Maçonnerie. Je vais donc commencer par la question rituelle. Pour vous, Dieu, qu'est-ce que c'est ?

- Rien, absolument rien.

- Pardon ? demande Bertrand complètement stupéfié par cette réponse si rapide, si souriante, si ferme. Il ne peut s'empêcher de quitter son formulaire d'enquête où il a repris quelques questions clés, pour mémoire. Il fixe René, bouche bée.

- Vous voulez dire que vous n'en savez rien ou que, vraiment, pour vous, Dieu n'existe pas ?
C'est exactement ça, oui. Pour moi, Dieu n'existe pas. C'est une pure vue de l'esprit, une création de l'Eglise qui ne vise qu'à asservir le peuple et à le maintenir dans l'ignorance. Vraiment, Dieu pour moi, est synonyme de l'obscurantisme le plus complet et le plus abject. Je hais tous ces Jacobins. Ils me font bien rire avec leurs messes, leurs sourires hypocrites et leurs dos perpétuellement courbés à lécher les pieds des curés. Et leur pape ? Vous avez déjà écouté leur pape ? Le sida est un châtiment divin ; l'homosexualité est contre nature, etc. Qu'est-ce qu'ils font de leurs pédophiles alors ?

- Bon, bon… je ne vous en demande pas tant. Si j'ai bien compris vous êtes très clairement

anticlérical. Je ne me trompe pas, n'est-ce
pas ?

- C'est un minimum, en effet.

- Je reviens tout de même à ma question.
Dieu, pour vous, qu'est-ce que c'est ?

- René est interloqué, à son tour. Pourquoi
Bertrand insiste-t-il tant ? Il pressent un
problème mais où ?

- Je vous l'ai dit. Pour moi, Dieu n'existe
pas ! Ce n'est pas ça que vous attendiez
comme réponse ?

- Pas exactement, non. Charles ne vous a rien
dit de la Franc-Maçonnerie avant notre
rencontre ?

- On en a parlé, oui mais j'ai tellement d'amis
qui en sont que j'en connais déjà un bout et
puis, je dois vous l'avouer, j'ai beaucoup lu
sur le sujet.

- Et le livre bleu, il ne vous l'a pas donné ?

- Qu'est-ce que ce livre bleu ?

- C'est un opuscule qui reprend les lignes de force de notre obédience. Vous savez tout de même que nous relevons de la maçonnerie régulière, anglo-saxonne ? Charles vous a parlé du Grand Architecte de l'Univers, tout de même ?

- Oui, oui. Il m'a surtout dit qu'on y mettait ce que l'on voulait sur ce Gadlu. Moi, j'y mets un « rien », un grand vide, une absence. Donc Dieu n'existe pas.

Cela ne lui ressemble pas mais Bertrand s'est reculé dans son fauteuil et s'est affalé entre les bras moelleux de cuir lustré. Il n'en revenait pas. Comment était-ce possible ? Qu'est-ce qu'il foutait là ?

Enfin, rattrape René qui a senti où se trouvait le problème, au stade où j'en suis dans ma réflexion, je ne vois rien. Je ne dis pas que je suis fermé à tout mais mon entourage, les expériences que j'ai faites jusqu'à présent ne me convainquent de rien. Donc je préfère ne pas adhérer à une chose que je ne maîtrise pas.

Et insensiblement, me raconte Bertrand, il est revenu vers moi. Il tâtait le terrain, me sondait véritablement pour savoir comment orienter ses réponses. Ce type est une vraie bête de communication. Il observe, écoute, teste, avance, recule, s'adapte… Bertrand n'était pas dupe mais il connaissait aussi le but de sa visite. Que n'aurait-il pas fait pour son frère Charles !

Rien de cette entrevue n'a figuré dans le rapport d'enquête. Malgré cela, Sylvain, qui a procédé à la deuxième rencontre, a lui aussi été frappé d'un doute. Il en a fait part à la COD, qui a décidé de recevoir le candidat. René avait franchi un premier cap puis il a fait un parcours sans faute. La faille est cependant moins dans notre système de sélection que dans son propre esprit : il nous croit dupes. Un jour pourtant, il comprendra. Quand ce moment sera venu, alors, il pourra commencer son véritable chemin de Maçon. Voilà pourquoi nous pensons « qu'il n'a encore rien compris ». Il ne connaît pas le passé de notre loge et ignore complètement qu'il est là uniquement pour des raisons purement stratégiques, pour laver l'humiliation faite à Charles à qui un filleul avait été refusé, en toute dernière minute. C'est aussi prosaïque que ça !

Ceci n'est pas le plus bel exemple de recrutement que j'aie pu trouver. Mais il m'est resté sur la patate. Tant de gens se font éjecter pour des broutilles. Le chemin qui mène à la Loge est tellement semé d'embûches et de pièges que cette histoire est choquante. Elle montre au moins que nous ne sommes pas infaillibles, que nous ne sommes qu'humains, même si certains d'entre nous, pris par la folie du pouvoir se croient investis d'une mission divine !

*
* *

Mes souvenirs personnels de cette étape sont très flous. Le premier enquêteur, Robert, a été finalement fort sympathique. Je l'ai senti très proche ou du moins soucieux d'établir une forme de proximité. Il sentait mes craintes de mal répondre à ses questions et voulait me rassurer. Quant au second enquêteur, Guy, il m'a laissé un souvenir étrange. Il était manifestement malade. Il avait un cancer, c'était évident. Comme j'y étais déjà passé, je me sentais comme compatissant. C'était un peu comme si je devais aller vers lui pour le rassurer : j'inversais les rôles. Il a vite fait de remettre les choses en place. A l'inverse de Robert, il a créé la distance, jugeant sans doute que mon comportement était déplacé ou au moins inadapté à la situation.

Encore une fois, je ne me souviens que de peu de choses si ce n'est d'une question : « Etes-vous heureux ? » Et j'ai répondu « Oui » très vite, sans hésitation. Je n'étais pas sûr de ma réponse, évidemment. Le seriez-vous si l'on vous posait la question là, tout de suite, maintenant ?

Chapitre 9. Sous le bandeau.

Avais-je été comédien comme René, moi ?
J'y ai bien réfléchi et écrire mon histoire me
fait beaucoup de bien. Non, je ne me suis pas
menti. Je me suis au contraire retrouvé dans
ma vérité. Les questions des enquêteurs
m'ont obligé à réaliser que mon soi-disant
anticléricalisme n'était que de pure
convenance. Cela faisait bien, à ce moment-
là, parmi mes amis. Je pressentais quelque
chose sans pouvoir le nommer. Je doutais.
J'étais agnostique et mon Gadlu se
représentait par un point d'interrogation. Au
minimum, je me sentais incapable d'assurer
que rien n'existait.

Les enquêtes s'étaient finalement bien
passées. Je le suppose du moins car je n'ai
jamais eu connaissance du contenu des
rapports. Ils sont lus devant la loge, après la
COD et avant le passage sous le bandeau puis
ils sont détruits. C'est une des traditions de la
Maçonnerie. D'où la difficulté, pour les
historiens, de trouver des sources !

Je sais que je suis passé près du précipice
devant la COD. On m'avait communiqué le
lieu de rendez-vous, à Obourg, chez Géorg.

La veille, j'étais venu repérer les lieux. Je ne voulais pas être en retard. Je m'attendais à quelque chose de très solennel, de très protocolaire : un tribunal en quelque sorte.

Je sonne. Géorg me fait entrer dans la salle à manger. Ils sont huit, joviaux, attablés. Ils terminent un repas de fromages. Mes narines en ont pour leur argent. Il doit y avoir un vieux Chaume ou un Camembert bien coulant quelque part. A la robe du vin dans les verres, je réalise qu'il ne s'agit pas de gros rouge. Je suis chez des épicuriens : mon univers. Je commence à déstresser. Je les observe. Je cherche à lire leurs regards. Ils ne me scrutent pas : ils sont posés sur moi. Ils ne me harcèlent pas : ils me parlent.

Si je n'avais cette capacité à sentir les gens, je pourrais me croire au Club, en fin de réunion. Nous discutons de tout et de rien, entre gens de bonne société. Je suis parfaitement superficiel. Je crois avoir compris que c'est de bon ton. Ne heurter personne. Ne pas se dévoiler. Faire bonne figure. Lâcher quelques mots d'esprit. Voilà comment j'ai appris à me comporter.

A un moment, cependant, je sens que quelque chose cloche. Ils se consultent trop. Leurs yeux ne me cherchent plus. Ils font des allusions, entre eux, que je ne comprends pas : ce doit être un code. Je deviens extérieur à la réunion. On dirait que la cause est entendue. La soirée va se terminer. J'ai bien peur que nous en restions là. Mes antennes sont en alerte.

Un seul s'acharne à me fixer. Il veut me faire dire quelque chose que je ne comprends pas. Il me presse de questions comme un prof qui veut aider un étudiant lors d'un oral. « Je sais que tu sais mais bon sang, si tu veux réussir, lâche les mots que je veux entendre ».

J'ai fini par craquer. J'étais désolé. Je m'étais cru en représentation et je comprenais bien que ce n'était pas ce qu'ils attendaient de moi. J'aurais voulu partager des choses profondes, me défaire de cette superficialité qui fait mon succès et me protège en société. Je m'étais trompé.

- Juste une toute dernière question, intervient encore Lucien.

Le chahut cesse immédiatement. A nouveau ils m'écoutent. Ils me donnent une dernière chance. J'ai cette fois répondu en toute simplicité, avec cœur et humilité. Je leur ai

parlé de « Yes » de Kipling, mon poème
préféré. Ma sincérité m'avait repêché in
extremis.

*

* *

Vendredi douze mars sept heures moins le
quart quelque part en Hainaut. Il fait noir.
Les giboulées frappent les vitres de la voiture.
J'attends. Costume noir, chemise blanche.
Cravate sombre. Les secondes s'égrènent
avec une abominable lenteur. Le rendez-vous
est fixé à dix-neuf heures.

Il y a bien quelques voitures sur le parking
mais je ne vois rien bouger. En voilà une qui
arrive. Zut, je suis mal placé pour regarder
dans le rétro ce qui se passe. Je n'ose pas
sortir : on doit venir me chercher. Sept
heures, enfin ! Ils vont arriver. Sept heures
quart. Toujours rien. Ils m'ont oublié. Sept
heures et demie. Ils se foutent de moi.
Encore dix minutes et je m'en vais. Il ne faut
pas exagérer, tout de même : je suis sur des
charbons ardents. Un peu de respect, s'il
vous plaît. Huit heures. On frappe à la vitre.

- Nous avons été un peu long. Juste une
question d'organisation. Excusez-nous de

vous avoir fait attendre.

Je m'extirpe de la voiture. Mes membres
sont tout ankylosés. Je dois être incandescent
tellement je bouillonne.

- Je dois vous demander de bien vouloir poser
ceci sur vos yeux.

Il me tend le fameux bandeau. Un masque
noir m'aveugle.

- Ne vous inquiétez pas. Je vais vous tenir les
mains et vous guider jusque devant nos
Frères. Surtout, n'enlevez ce bandeau que
lorsque vous y serez invité.

Le gravier du parking crisse sous mes pas.
Mon guide me tient fermement.
Manifestement, il marche à reculons. Nous
descendons un plan incliné. Une porte
grince. J'entends des chuchotements. Malgré
le bandeau, je perçois une faible lumière. Je
m'assieds.

- Monsieur, vous avez demandé à entrer dans
notre Ordre. Vous avez parcouru le chemin
de tout néophyte pour arriver devant nous, ce
soir. Nous ne connaissons pas l'issue de cet
entretien. Jurez sur votre foi d'honnête

homme que, même si le verdict de cet interrogatoire vous est défavorable, vous garderez le silence sur tout ce que vous aurez vu et entendu dans cette salle.

- Je le jure.

- Vous pouvez maintenant ôter le bandeau.

La salle est violemment éclairée. Je cligne des yeux. Ils brûlent. Quelques secondes. Enfin, je vois. Ils sont assis en U. Ils me regardent tous, en silence. Il y en a aussi derrière moi, je le sens. Il en a un qui doit être tout proche parce que je perçois sa chaleur sur mon épaule gauche. Ils m'épient.

Celui qui doit être le Vénérable Maître prend enfin la parole. Je suis complètement stressé. Je tente de cerner quelques visages mais je ne peux pas, tant mon interlocuteur monopolise mon attention. J'essaie de me concentrer. Je ne comprends pas sa première question. Il doit répéter et tente d'apaiser mon angoisse manifeste par un ton très posé, presque mélodieux.

Durant une demi-heure, je répondrai à quantité de questions, des uns et des autres. Ils avaient tous pris connaissance des rapports. C'était évident. Ce qu'ils me demandaient de ma vie et de mes convictions était trop précis pour être improvisé. A l'invitation du Vénérable Maître, j'ai remis le bandeau et fait le parcours inverse. Dans la voiture, j'ai allumé une cigarette. J'ai dû la griller en moins de trente secondes.

Je n'ai plus qu'à attendre. Attendre, toujours attendre : je finirai par croire que c'est le maître-mot de cette organisation. Je me calme. J'allume une deuxième cigarette. J'essaie de me rappeler, posément, ce qui s'est passé. Je me souviens. Rien, dans les attitudes de ces gens, n'était agressif. Leurs regards m'ont au contraire porté, rassuré J'ai senti de la douceur dans leurs yeux. Ils me scrutaient tous, c'est vrai. C'est très impressionnant que de se sentir fixé par une quarantaine de personnes, mais c'était doux, comme ouateux, un peu nuageux. Oui, une forme de rêve où les voix se posaient sur des mots pour m'aider à répondre. Je n'avais pas passé un interrogatoire ni un examen : j'avais été en conversation avec un groupe d'hommes soucieux de me découvrir, des hommes qui voulaient s'assurer que je serais bien parmi eux et qu'ils seraient bien avec moi. La loge n'est pas qu'une quête philosophique ou ésotérique : c'est une vie !

Contact. Retour maison. Jean-Pierre doit me téléphoner plus tard pour me communiquer la décision. Attendre, encore et toujours attendre !

J'ai prévenu Anne que j'arriverais en retard à la mer. Elle y passe le week-end avec les enfants. Avec ce temps de chien, il me faudra au moins deux heures pour arriver à Coxyde.

Je suis sur l'autoroute, à hauteur de Nivelles. Mon téléphone sonne. Je décroche.

- Bienvenue à bord, mon petit gars. C'est dans la poche. Tu seras initié le 18 mai. Quand Jean-Pierre dit quelque chose, ce n'est pas du pipeau.

- Ah, merci !

Je ne trouve rien d'autre à dire tant je suis étreint par l'émotion. Je raccroche à la… moustache de Jean-Pierre qui me le reprochera d'ailleurs plus tard. Il ne manque jamais une occasion, pour me charrier, de me traiter d'ingrat en évoquant cette histoire.

Nom de … C'est fait. Je suis Franc-Maçon ! Je me mets à hurler et à gesticuler comme un

dingue. Heureusement qu'il fait noir parce qu'on avertirait sûrement la police pour signaler la présence d'un conducteur fou. Je dénoue ma cravate. Je sautille sur mon siège, le bras droit levé puis je hurle à tue-tête…
Le bonheur.

On se calme, Berteaux ! Je reprends le contrôle. Rappeler Anne : c'est la moindre des choses. Ah, ce que je suis heureux.

- Allo ? Jean-Pierre vient de me téléphoner. Je suis accepté ! Je vais être initié ! Tu te rends compte ? C'est génial, non ?

- Je suis très contente pour toi. Tu en es où parce que je ne vais pas t'attendre jusqu'au bout de la nuit.

- Euh, à Nivelles. Je ne traîne pas…

Douche froide, vous avez dit douche froide ?

Chapitre 10. Ils me voulaient déjà du bien...

Le bureau. Sept heures trente. Je n'ai pas de cours aujourd'hui. Je vais enfin pouvoir vérifier ce que font effectivement mes employés. Ils sont trois. Un secrétaire, un informaticien et un commercial. Ma petite affaire ne marche pas trop mal même si je trouve que le poids de leurs salaires dans le budget de société est trop important. Je travaille comme un nègre pour dégager des marges infimes. Enfin, c'est un peu mon côté social. Benoît, l'informaticien a, comme mon père, perdu son job à quarante-huit ans. Je l'ai engagé même s'il me coûte plus cher qu'un jeune. Je ne veux pas qu'il plonge comme papa, sans emploi, sans fierté. C'était toujours la même chanson :

- Désolé, Monsieur, vous êtes trop âgé. Vos compétences sont réelles, certes, mais en cette période de restrictions, nous devons limiter la masse salariale. Essayez l'interim, on ne sait jamais...

Il n'a jamais rien retrouvé.

A la maison, il était désoeuvré. Il y avait bien
du bricolage ménager : ça ne suffit pas à la
reconnaissance sociale.

Le pauvre, il ne savait où se mettre. Je
constatais, moi, les étapes de sa lente
descente aux enfers. Il prenait l'apéro de plus
en plus tôt. Il passait des journées entières
devant la télé entre Porto et cigarettes. A mon
retour de Louvain, chaque week-end, il
voulait me donner le change. Il sonnait faux.
Je n'étais pas dupe mais à dix-huit ans, on
s'occupe de sa vie, de sa petite amie, de ses
études : on est égoïste. C'est strictement
normal.

Puis la brune sirène aux yeux de braises est
arrivée annonçant la séparation et le divorce.
Il a connu une nouvelle vie, loin de nous.
J'avais des nouvelles de temps en temps mais
je ne faisais pas grand effort pour le voir.
Une histoire banale, en quelque sorte, qui se
répète d'ailleurs bien trop souvent. Si on
savait…

Bref, je ne voulais pas que Benoît vive la
même chose que mon père. Mon devoir était
de l'aider. Je le faisais. Il n'en avait aucune
conscience. Il avait un job peinard : c'était
tout ce qui comptait.

Florent, le secrétaire, était un ancien étudiant. Je connaissais son sens de la rigueur, son honnêteté. Mon épouse l'appréciait. Nous pouvions lui faire confiance. Lui aussi sans emploi, il avait accepté mon offre les yeux fermés. Pierre était membre de mon club, au chômage depuis peu. Cinquante ans, lui aussi. Même sentiment d'assistance. Finalement, mon entreprise ressemblait à une Arche de Noé.

J'avais une belle clientèle, cependant. Franchement, j'avais toutes les raisons d'en être fier. Je me l'étais faite tout seul à force de travail, de rigueur, de ténacité... et d'insomnies : un job de prof et une petite entreprise en parallèle, c'est chronophage. J'en tirais cependant tellement de satisfactions. Un confort matériel évident, des restos, des amis choisis, des vacances de standing, quelques biens immobiliers dont la valeur ne faisait que croître d'année en année. De quoi éveiller quelques jalousies qui, quelque part, ne faisaient que flatter encore davantage ma vanité de « battant ».

Le matin, lorsque je pouvais être au bureau, nous prenions le café à quatre. Programme du jour, répartition des tâches. Le vendredi en fin d'après-midi, c'était une petite bière entre collègues. Je voulais vraiment créer un esprit coopératif. Il me semblait que cela ne marchait pas trop mal.

Il devait être onze heures. Florent m'appelle.

- Olivier ? Yves, le patron de « Locomotion » au téléphone. Je peux te le passer ?

- Je prends. C'était un client important.

- Bonjour, mon Frère !

- Pardon ? Ici, c'est Olivier Berteaux. Vous êtes sûr que c'est moi que vous voulez contacter ?

- Allons, ne fais pas de cachoteries. Désolé, je n'ai pas pu venir à ton initiation vendredi dernier : j'étais au Japon. Je suis vraiment heureux pour toi. Tu vois comme le monde est petit.

Je suis soufflé. Ce client, que je fréquente depuis près de cinq ans, est Maçon. Je passe immédiatement au « tu ».

- Désolé, Yves. Ce sera ce vendredi. Il y a eu une coquille dans le calendrier de la Loge !

Silence.

- Tant pis, ce n'est pas grave. Félicitations anticipées alors.

Il change immédiatement de registre. Je le sens embêté.

- Il faudrait que l'on se voie cette semaine. J'ai du boulot pour toi. Quand peux-tu passer à l'usine ?

Le ton professionnel est de retour. Rendez-vous pris, je raccroche et me perds en conjectures. Comment ce client m'est-il arrivé ? Par recommandation d'un autre, comme toujours. Le premier maillon de la chaîne, c'est.... Bon sang ! Son logo de société est un... Donc, lui aussi, il pourrait… Je commence tout doucement à comprendre pourquoi ce petit monde me veut tant de bien !

Chapitre 11. Initiation

Nous naissons pour commettre des erreurs,
la somme de nos erreurs
favorise la réflexion.

Elles constitueront le succès et le triomphe
final
de nos bonnes résolutions.

Qui se trompe ? Les parfaits et ceux qui
n'ont jamais rien fait pour sortir de la
médiocrité !

L'initiation ne consiste pas à ne jamais
tomber,
mais bien à se relever, chaque fois que ce
sera
nécessaire.

C'est ce que nous, Maçons, avons le privilège
de pouvoir expérimenter !
Que la paix envahisse votre cœur.

Le dix-huit mai est aussi le jour de
l'anniversaire de mon père.

Je suis toujours sur le parking de la loge. Un
peu par superstition, je me suis garé au même

endroit que la dernière fois. Je vois toujours aussi mal ce qui se passe. Je suis toujours aussi stressé. Que va-t-il se passer ? Bien sûr, ce ne sont ni une totemisation scoute ni un bizutage estudiantin qui m'attendent même si la démarche relève quelque part d'un même rituel d'acceptation. Je ne sais vraiment, mais vraiment pas ce qui m'attend…

Danny est souriant. Il marche à grands pas un peu comme un gros toutou pataud.

- Viens, c'est le grand jour.

Je suis en smoking. Nœud papillon sombre, comme recommandé. Je découvre maintenant, les yeux ouverts, l'itinéraire que j'ai suivi un mois plus tôt. Je comprends immédiatement qu'il m'avait fait faire un sacré détour, sans doute pour que je ne retrouve pas l'endroit si j'avais été refusé. Je passe les colonnes. J'entre dans le sas.

- On s'arrête ici.

Il me désigne une toute petite pièce d'un mètre sur un mètre. Par pudeur, je ne peux vous livrer mon expérience. Voici ce que dit le rituel.

« (...). Le cabinet de réflexion doit être fermé aux rayons du jour et éclairé d'une seule lampe. Les murs en seront noircis et chargés d'emblèmes funèbres. Des sentences d'une morale pure et d'une philosophie austère seront tracées lisiblement sur les murs. Une tête de mort rappellera le néant des choses humaines.

Il ne doit y avoir dans le cabinet qu'une chaise, une table, un pain, un vase d'eau claire, du sel, du souffre, du papier, des plumes et de l'encre.

Au-dessus de la table seront représentés un coq et un sablier et une inscription portant les phrases suivantes :
Si la curiosité t'a conduit ici, va-t-en.
Si tu crains d'être éclairé sur tes défauts, tu seras mal parmi nous.
Si tu es capable de dissimulation, tremble, on te pénètrera.
Si ton âme a senti l'effroi, ne va pas plus loin.
Si tu persévères, tu seras purifié par les éléments. Tu sortiras de l'abîme des ténèbres, et tu verras la Lumière.

Le F∴ Expert lui donnera par écrit les questions suivantes.

Qu'est-ce qu'un honnête homme se doit à lui-même ?
même ?
Que doit-il à ses semblables ?
Que doit-il à sa patrie ? »

Danny ne m'avait pas précisé de combien de temps je disposais. Je n'avais aucune consigne, seulement trois feuilles de papier et un stylo. Pas de quoi rédiger un roman. Je me suis mis à écrire, puisque c'était ce qu'on m'avait demandé. J'étais dans un état second. Je pense que j'aurais fait n'importe quoi si l'on m'en avait donné l'ordre ou simplement fait la demande. J'étais hors moi ou alors tellement plongé au cœur de moi-même que toutes mes perceptions étaient modifiées. Je flottais comme dans un univers magique où le faible éclairage de l'ampoule devenait jaillissement d'or, où l'odeur du sel, dans sa soucoupe, juste devant moi, m'emplissait les narines comme en bord de mer, où le moindre bruit, le moindre frôlement, à l'extérieur, me faisait frémir et excitait la fébrilité de mon attente. Le cabinet de réflexion n'était qu'un prélude…

Danny est venu prendre mes écrits et m'a demandé de me préparer, à savoir de relever la jambe droite de mon pantalon jusqu'au genou, d'ôter ma veste et de me dénuder l'épaule et le sein gauches. Je me présenterais ainsi à la loge « *ni nu ni vêtu pour nous représenter l'état d'innocence et pour nous rappeler que la vertu n'a pas besoin d'ornements ; dépourvu de tous les métaux, parce qu'ils sont l'emblème et souvent l'occasion de vices, que le Maçon doit éviter* ». Cette phrase du rituel est une clé pour comprendre mon chemin. Patience : chaque chose en son temps.

A un moment, j'ai réalisé que je n'étais pas seul. Le cabinet de réflexion voisin était aussi occupé. Ce jour-là, je rencontrerais pour la première fois Christian, mon jumeau maçonnique.

- Messieurs, remettez les bandeaux. Je vous guide jusqu'aux portes du Temple.

Je ne vous raconterai rien de mon initiation. J'ai juré le secret. J'en étais tellement secoué que je n'en ai gardé presque aucun souvenir. Tout est fait pour marquer la solennité de cette entrée dans une nouvelle vie qui est, aussi, une mort à la vie profane. En entrant en Maçonnerie, on devient, inéluctablement, autre. Le regard change !

La cérémonie de transmutation a duré environ deux heures.

Je suis sorti de Loge avec Christian et le Vénérable Maître. J'ai découvert les lieux où j'étais passé, quelques heures plutôt... aveuglé non seulement par le bandeau mais surtout par l'émotion. Le Véné nous a placés à la sortie des parvis, à l'entrée de la salle humide. Les Frères nous ont fait l'accolade rituelle du premier degré, le grade d'apprenti. C'était un peu comme après un enterrement, quelque part. Il y avait cette perception floue des visages. J'en ai gardé le souvenir diffus des premières étreintes rituelles... Les effluves d'un repas qui flottaient dans cet espace confiné. Etrange ! Yves a été le dernier à me saluer. Il m'a serré contre lui avec une chaleur musclée, fait les gestes rituels et m'a fixé.

- Cette fois, je ne me suis pas trompé de date !

Je portais mon tablier en peau d'agneau, à la manière du grade. J'avais reçu la médaille de la Loge, les gants que je porterais à chaque tenue. J'en avais reçu une autre paire que je devrais offrir, m'avait dit le Vénérable, à la femme qui comptait le plus pour moi...

A table, pour les agapes, nous siégions, Christian et moi, à la table d'honneur, de part et d'autre du Vénérable. Les Frères étaient répartis face à nous, autour de deux tables en U. C'était exactement comme pour le passage sous le bandeau sauf qu'ici, ils étaient vis-à-vis, ils riaient et discutaient dans un chahut impressionnant. Je regardais ce spectacle comme un étranger. J'étais sonné. Les images que j'en conserve en sont encore imprégnées d'une brume d'irréalité : j'étais Maçon ; je mangeais avec les Maçons…

Le Véné, à ma droite, prend un maillet de bois et en frappe un petit support triangulaire posé sur la table. Tous les Frères se lèvent instantanément comme un seul homme. Silence total ! Deux autres coups résonnent venant de chacune des extrémités du U. Je fais comme tout le monde, je me lève ! J'ai l'impression d'être à la messe. Je ne sais jamais quand il faut se lever ou s'asseoir : je ne connais plus les usages. Ici, je les découvre comme un enfant. Oui, c'est exactement ça ! Cette initiation et sa mise en scène ont quelque chose d'infantilisant. J'ai perdu tous mes repères et je fais comme les autres, j'obéis, je suis, j'imite « les grands ».

- Mes Frères, nous allons procéder aux santés d'honneur. Veuillez charger et aligner.

Qu'est-ce que ce charabia ? J'observe : ils remplissent leurs verres et les mettent en ligne au centre des tables. Je regarde Christian par-dessus l'épaule du Véné. Il a l'air aussi perdu que moi. Nous singeons.

- Au Roi !

Et d'une seule voix, ils répètent « Au Roi ! ». Ca claque ! Il y aura quantité de santés, chacune accompagnée d'un protocole très martial et impressionnant, comme tout le reste... Géorg, le Vénérable Maître, est très pédagogue. Il nous explique tout de ce qui se passe autour de nous.

- Aujourd'hui, vous pouvez rester assis mais dès la prochaine tenue, vous jouerez votre rôle d'apprentis. Vous servirez, vous débarrasserez. Vous voyez le Frère en bout de table à droite ? C'est le Maître des Banquets. C'est lui qui vous indiquera ce que vous aurez à faire.

Entrée, plat, dessert... Le tout ponctué de santés, de coups de maillets... La soirée fut longue.

A la maison, tout le monde dormait. Je n'ai pas voulu réveiller Anne. Je lui remettrais les gants le lendemain.

Chapitre 12. Sophie.

Nous ne sommes que quelques-uns dans la salle des profs. Il doit être quelque chose comme huit heures. J'aime bien arriver un peu avant le début des cours. Cela me laisse le temps de prendre un café, de discuter avec les collègues.

Xavier a dû manger un lion farci aux sauterelles au petit déjeuner car il est complètement déjanté. Il rit pour tout et pour rien. Lui, d'ordinaire si sérieux, si posé, si philosophe, frise l'exubérance. Il fait rire tout le monde avec des blagues et des jeux de mots à deux sous. Génial comme début de journée! En sortant, il me prend en aparté. Je pense qu'il va me questionner sur l'évolution de son dossier, sur les prochains rendez-vous. Non !

- Que fais-tu samedi prochain au soir ? me demande-t-il.

- A priori, je n'ai rien mais il faut que je consulte Doudou. Pourquoi ?

- Avec Sophie, nous avons pensé que vous pourriez venir manger un bout à la maison.

J'ai ramené quelques bouteilles de Sarlat et quelques bocaux de foie gras. Je pense qu'avec un filet pur de bœuf, ça ferait un malheur.

- Oh, oh… Monsieur sait argumenter. J'appelle Doudou tout de suite.

Le temps de composer le numéro, j'expose, comme il convient, mon affaire à ma bien-aimée.

- Ca marche ! Pas de problème pour samedi !

La maison de Xavier est toute neuve. Plantée au centre d'un vaste terrain, au cœur de Baudour, elle joue à la fois sur la convivialité par des aménagements intérieurs relativement confinés et sur la lumière qui, par de larges baies vitrées, donne de l'ampleur aux volumes. De grandes plantes vertes, un mobilier mêlant antiquités et moderne rendent ce foyer vraiment chaleureux. On y sent une présence féminine toute sensible, presque sensuelle par le choix des parfums d'ambiance, la disposition des bouquets de fleurs, les nappages raffinés… Je suis à nouveau sous le charme.

- Grand chef Xavier, je ne t'en ai pas parlé à l'école. Tu sais que les murs ont des oreilles ! J'ai des nouvelles pour toi. La prochaine COD aura lieu chez Danny, que tu connais, jeudi en quinze. Tu y rencontreras les autres membres de la commission. C'est une nouvelle étape. Tu es libre au moins ?

- A ton avis ?

Ses yeux brillaient de plaisir. Je pense que depuis la nuit des temps, ce même éclat illumine les yeux des aspirants. L'histoire ne fait que se répéter et nous faisons tout pour que cela se passe de cette façon. C'est un aspect de la tradition maçonnique : la lenteur du dévoilement, l'art du secret.

Dès lors, je ne me sens absolument pas cruel de faire suivre à Xavier tout cet itinéraire parsemé d'inquiétude, de frustration, d'exaspération. Comme tous mes maîtres l'ont fait avec moi, je ne fais que reproduire nos usages. Cette tradition a été mûrement réfléchie et est incontournable. Elle n'a qu'un seul but. Dès le premier contact, l'aspirant doit vivre des expériences qui, après son initiation, lui seront déjà des points communs, des liens avec ses Frères qu'il ne connaît pas encore. C'est donc avec un vrai plaisir que j'offre à mon cher Xavier toute une longue année d'attente et d'anxiété. Il se la rappellera toute sa vie. Plus tard, lorsqu'il aura, lui aussi, à initier de nouveaux Frères, il reproduira exactement la même chose. La maçonnerie est ainsi hors le temps, hors mode. C'est le cheminement de l'individu face à lui-même qui importe. Au sortir de chaque nouvelle épreuve, il accomplit les prémices de ce qui sera, pour toujours, l'essence de sa vie de Maçon : se remettre en question, chercher la Lumière.

Revoilà notre Xavier. Il file à la cuisine pour prévenir Sophie, c'est évident. Ces deux-là partagent vraiment leur vie. C'est beau. Je ne peux pas m'empêcher de me rapprocher de ma Doudou et de la serrer contre moi. Pourtant, d'ordinaire, je ne suis pas démonstratif ! Avec elle, enfin, je peux être serein quand je vois deux amoureux s'étreindre. Avec elle, je suis content et satisfait !

Ils reviennent tous les deux de la cuisine. Sophie porte un plateau de zakouskis et Xavier tient le champagne. Les coupes et le seau sont déjà sur la table de salon. Xavier lève son verre ; Sophie porte le toast.

- A mon chéri et à sa future vie de Maçon !

Elle rayonne. Elle pique du nez dans son verre en me jetant un regard furtif. Non, elle n'observe pas ma réaction ; au contraire, elle m'envoie un message.

- N'oublie pas ce que je t'ai dit chez toi : il ne jure que par ça. Je veux qu'il réalise son rêve…

Je reçois cinq sur cinq. J'aurais dû temporiser, comme je le fais toujours avec les néophytes trop enthousiastes. Je me suis tu. Je l'ai regardée boire à petits traits, un sourire au coin des lèvres.

Sophie, si seulement tu savais à quoi tu joues, combien tu me fais délicieusement souffrir. A n'importe quelle autre femme, j'aurais répondu quelque chose de ce genre : « Pour qui vous prenez-vous ? Les Maçons sont seuls à décider de l'admission de leurs futurs frères ». Ici, je ne peux rien faire. C'est à Elyse que je parle. C'est Elyse que je vois. Je suis, comme avant, subjugué par le bleu de tes yeux, la forme de ton visage, la finesse de tes traits, la blondeur de tes cheveux, la fluidité de tes formes, la douceur de ta peau.

Je devine la rondeur de tes seins, les fuseaux de tes jambes… mais ce n'est pas toi.

Toi, tu es Sophie. Je te souris. Tu es la femme de mon ami, bientôt mon frère. Toi, tu appartiens au présent. Toi, tu me précipites, sans t'en douter, dans un passé si lointain, si douloureux. Toi, tu me déchires l'âme parce que tu es sa réincarnation. Sophie, tu ne devineras jamais qui Elyse a été pour moi.

*

* *

Nous ne parlerons plus de maçonnerie pendant le repas. C'est du moins ce que j'avais prévu parce que je veux aussi protéger Xavier des travers que nous connaissons tous, au début. Il ne faut surtout pas qu'il fasse de la maçonnerie une religion. Si l'on s'enfonce dans cet univers, si l'on n'a plus que la Maçonnerie comme sujet de préoccupation, elle envahit toutes les conversations. On finit par ne plus fréquenter que des Maçons, à ne plus participer qu'à des activités organisées par des Maçons, à ne voyager qu'avec ou chez des Maçons… Il faut faire attention. Plus d'un s'est coupé du monde réel en tombant dans ce piège. Dès lors, avec Xavier, j'ai décidé que nous parlerions de gastronomie. Je sais qu'il va essayer de me poser des questions sur l'avenir, sur notre loge... J'esquiverai. Il comprendra plus tard que c'était pour son bien. Je ne suis pas seulement son parrain, je suis aussi un ami, un homme et un épicurien.

- Sophie, félicitations ! Ton filet pur Rossini est merveilleux. Il fond dans la bouche.

Ses joues s'empourprent une fraction de seconde. Elle n'a décidément pas changé... Du regard, elle cherche Xavier comme si elle l'appelait à l'aide. Je dois sans doute être trop entreprenant, trop familier. Comment ferais-je autrement ?

- Et moi, alors ? Je n'ai même pas droit à un petit compliment pour les nectars que je te sers ? Le fruit de la vigne et du travail de l'homme ne sont-ils pas estimables au point que tu les négliges ?

- Oh là, Monsieur. Chassez le naturel et il revient au galop, me semble-t-il. A quand les noces de Caana ?

Il pouffe de rire et son teint, déjà rougeaud, vire au cramoisi. Je l'imagine dans un tableau de Breughel. De ducasses en kermesses, chopes d'une main et saucisses de l'autre, les braves ripailleurs chantent à tue-tête. Ils frappent les fesses des filles au rythme de chansons paillardes entrecoupées de pets et de rôts qui font s'esclaffer toute la tablée.

- Arrête de me charrier, Maître ! Je ne renie pas mes racines, moi !

- Mais moi non plus, bougre de mécréant. Je cultive les fleurs de mon enfance et de mon éducation chrétienne à la lumière de la liberté de penser. Et toc, gamin. Tu ne m'auras pas sur ce sujet-là aujourd'hui. J'en ai soupé…

- Ah non, intervient Doudou, vous n'allez pas recommencer avec vos histoires. Il n'y a pas que ça dans la vie. Allez, trouvez autre chose.

Cette femme est vraiment merveilleuse. Elle me connaît tellement bien qu'elle a tout de suite compris ce que je voulais. Elle vient à mon secours : je ne me laisserai pas entraîner. Avec elle, j'escaladerais l'Everest. Elle m'a rendu le sourire et le goût des projets. Cette femme est véritablement une fontaine de Jouvence. Qui aurait parié un cent sur notre avenir, il y a dix ans ? Et pourtant !

- Bien chef ! Vas-y alors puisque tu y tiens.
Raconte-nous une histoire.

- Je ne sais pas faire ça, moi. D'habitude,
c'est toi qui parles.

- Ah, ah ! Et bien pour une fois, c'est toi qui
tiendras le crachoir. Madame Berteaux, vous
avez la parole.

Je sais qu'elle déteste ça. Par contre, nos
amis adorent l'entendre. Elle a une façon très
personnelle de s'exprimer. Elle voit les
choses sous un angle différent. Elle grossit
des détails et fait des romans fleuves de
simples anecdotes. Elle crée des mots, elle
tourne des phrases apparemment insensées
qui pourtant vous parlent. Bref, elle
s'exprime comme elle peint, dans un
jaillissement de couleurs.

- Je vais vous raconter nos premières
vacances à deux. Il y a dix ans. Ca va
comme ça, Mamour ? me demande-t-elle
ironiquement comme une petite fille à son
papa.

- Mais oui, ma chérie. Vas-y, nous t'écoutons.

- Et bien voilà, nous nous connaissions à peine. A ce moment-là, nous n'étions que voisins. Moi, j'étais veuve et Olivier était divorcé et on s'invitait parfois à la soirée pour manger ensemble et ne pas rester seuls.

- Stop ! Il faut que nous restions dans les limites de la bienséance... fais-je théâtralement.

- Mais Mamour, je n'ai encore rien dit. Si tu commences comme ça, j'arrête tout de suite.

Je me sens fusillé par trois paires d'yeux.

- Ca va, ça va... je me tais.

- Je disais donc... Voilà. Pendant le souper, Olivier me dit qu'il voudrait bien partir en vacances. Après tout, c'était le mois de juillet. Plutôt que de rester là comme deux ânes, sous la pluie, autant voyager et aller chercher le soleil. C'est du moins ce que moi je voulais. Lui, il avait d'autres projets, mais il ne m'a pas tout dit tout de suite... Au contraire, il fait son grand professionnel avec des « Si tu veux, je peux t'organiser un

périple d'une dizaine de jours. J'ai des amis
un peu partout en France. On pourrait être
accueillis. Ce serait mieux que de jouer les
touristes idiots vautrés sur le sable ».

A ce moment-là, je ne le connaissais pas
encore bien et je l'ai donc laissé faire. Ce que
je ne savais pas, c'est qu'il allait encore
utiliser ses relations de la Loge pour nous
balader d'Orléans à Avignon en passant par
Carcassonne et heureusement, par Soubès.

Quand j'arrivais chez lui, il était souvent en
train de téléphoner. Il avait toujours devant
lui un petit livret à couverture argentée. Ce
ne pouvait être qu'un annuaire touristique. Sa
familiarité avec ses correspondants me
semblait pourtant très étrange : il les tutoyait
tous et surtout, il avait des propos bizarres. Il
parlait de choses qui n'avaient strictement
rien à voir avec nos vacances. La météo, par
exemple. Là, je pouvais comprendre mais le
reste... Je me suis mise à l'espionner. Il
formait son numéro et s'assurait de parler à la
personne renseignée dans son guide. Une fois
qu'il l'avait en ligne, il commençait
systématiquement le même charabia, comme
s'il s'était agi d'un code. Jusque-là, il le
vouvoyait. Puis, comme rassuré, il se mettait

à le tutoyer et l'appelait « Mon Frère » !
Drôle d'histoire.

Il devait être membre d'une secte ou quelque
chose comme ça. Il n'était pas question que
je fréquente ce genre de personnage. Je lui
suis donc rentré immédiatement dans le lard.
Il avait à peine raccroché que j'ai bondi sur
lui. Il a avoué : il était Franc-Maçon. Les
gens à qui il téléphonait l'étaient tous mais il
devait s'en assurer, d'où ses propos étranges
où il utilisait les mots secrets de la
reconnaissance maçonnique. Il me promettait
un accueil différent, des contacts fraternels…
Pourquoi pas ? Vogue la galère.

Elle a tenu pendant une demi-heure. Chaque
fois que je croyais qu'elle allait s'arrêter, elle
reprenait de plus belle, entre deux fous-rire
pour le moins communicatifs. C'est ce jour-
là qu'elle les a charmés, tous les deux. Chez
nous, quand elle recevait, elle était fort
occupée à réussir son « dîner presque
parfait », elle ne voulait aucune fausse note.
C'est son côté maniaque. Ici, elle était
détendue. Elle était comme chez elle et sa
séduction naturelle avait pu opérer. « Ah,
Doudou, qu'est-ce que tu nous as fait rire ! »

Sur le chemin du retour, elle me semblait songeuse. Bien sûr, le dernier verre d'Armagnac invitait à la rêverie mais elle fronçait les sourcils.

- Quelque chose ne va pas ?

- Il me semble qu'elle te plaît bien, la petite Sophie...

Silence. Lui expliquer ou se taire ? Je n'avais jamais évoqué cette période. Je ne tenais pas à remuer ce passé. D'un autre côté... Je me fais câlin.

- Je la trouve magnifique, c'est vrai. Elle est super sympa, mignonne comme un cœur et drôlement amoureuse de Xavier. Tu l'as remarqué aussi, non ? Hé, hé... si j'avais vingt ans de moins !

- Tais-toi, vieux crouton. Occupe-toi de moi plutôt que de fantasmer sur les petites jeunes.

- Mais que voilà une bonne idée !

Un chemin forestier se présente à ma droite. Sans freiner, je vire d'un coup. Doudou est projetée contre moi.

- Tu es fou ! Où vas-tu comme ça ?

- Ma petite, le grand méchant loup t'emmène
au fond des bois pour te manger…

Nous sommes rentrés bien plus tard à la
maison, contents et satisfaits !

Chapitre 13. Apprenti.

Xavier a été initié un dix-huit mai, comme moi. J'y tenais beaucoup. Mes Frères, sachant mon attachement, m'avaient proposé de postposer la cérémonie de manière à ce que je puisse procéder moi-même à l'initiation de mon ami. Il aurait encore fallu un an avant que je devienne Véné : c'était trop long pour lui. J'ai jugé que c'aurait été bien trop cruel : il avait assez attendu. C'est donc Philippe qui a présidé la cérémonie.

De ma stalle de premier surveillant, j'avais une vue imprenable sur toute la scène. Xavier était sonné, éberlué, hébété. Il rappelait une gravure bien connue qui présente une des étapes de l'initiation.

Le personnage fait pour la première fois face à ses Frères qui pointent leurs épées dans sa direction. Le discours du Vénérable se fait alors plus grave : « *Les glaives qui sont tournés vers vous annoncent que tous les Maçons voleront à votre secours dans toutes les circonstances si vous respectez scrupuleusement nos Lois, mais aussi ils vous annoncent que vous ne trouverez parmi nous que des vengeurs de la Maçonnerie et de la*

Vertu et que nous serons toujours prêts à
punir le parjure si vous vous en rendez
coupable. »

L'entraide, la loi du silence, la justice… Que
de notions encore floues. Il aura tout le temps
pour les découvrir. Après dix ans, j'y vois un
peu plus clair, c'est bien normal. Charge à
moi d'accompagner Xavier dans son
cheminement. Dorénavant, je suis un parrain
et je me dois de présider aux destinées de
mon filleul. Il y aura entre nous ce lien si
particulier. Le même que celui qui me lie à
Jean-Pierre et qui est vraiment indestructible
quels que soient les soubresauts de la vie,
profane ou maçonnique. Je me dois de
protéger Xavier comme Jean-Pierre m'a
protégé. Nous nous disputerons, sans doute :
c'est le fait de la métamorphose. Les mues
ne se font pas toujours dans la douceur. Au-
dessus de tout cela, cependant, nous resterons
éternellement liés.

*
* *

Etrangement, à mes débuts, ce n'est pas vers
Jean-Pierre que je me suis tourné lorsque,
pour la première fois, j'ai demandé de l'aide.
C'est vers Ignace, le second surveillant de

l'époque. Il avait la charge des séminaires d'apprentis et je le voyais donc plus régulièrement. Au fil de nos discussions et de mes premiers balbutiements maçonniques, je découvrais avec une forme d'admiration infantile un homme hors normes. Il m'apparaissait comme un monument de sérénité avec sa voix posée, son crâne chauve et son sourire figé. C'était une forme de Bouddha rassurant et fiable. Il m'attirait. Inconsciemment, je voulais devenir comme lui. Ce qu'il faisait dans la vie ? Consultant auprès de grands noms de la distribution, entre autres…

A l'issue d'un séminaire, où nous avions discuté de la signification à accorder à la forme particulière de notre tablier, je lui avais demandé à le voir durant la semaine. J'avais besoin de conseils. Ma société me posait des problèmes. Je manquais de liquidités. Ma banquière me faisait les pires ennuis. Bref, je me sentais perdu. Lui seul pourrait m'aider. C'était pour moi une évidence : seuls mes Frères pouvaient me comprendre et m'aider efficacement. « Hors la loge, point de salut ». C'était devenu une forme de devise. Je pensais maçonnerie, je parlais maçonnerie, je rêvais maçonnerie… Comme pour tous les jeunes apprentis, ce nouvel univers m'avait englouti.

Nous nous sommes retrouvés un midi, à La Louvière, chez Giorgio. Nous avions une petite table pour deux, derrière le bar. J'aime bien cet endroit. Le patron est une institution. Jovial, chaleureux, italienissime. Il est aussi sérieux, discret, de confiance. Un vrai pro, une institution louviéroise que ce Giorgio. Il m'accueille toujours en italien.

- Bongiorno, Dottore.

J'adore. Je lui réponds du mieux que je peux dans un italien approximatif. Il fait systématiquement preuve d'une complaisance très amicale et un rien... commerciale. Cette complicité entre Italiens et Belges, c'est un peu de la magie de la région du Centre. C'est bon.

- En quoi puis-je t'être utile ? entame Ignace.

Je le regarde fixement. Sans honte. Je vais lui demander de l'argent mais je ne suis pas gêné. Je trouve cela naturel, comme si je l'avais toujours connu, comme s'il avait toujours été ce grand frère sécurisant tel que je le perçois.

- Voilà, je dois payer ma TVA et je n'ai plus de trésorerie. Ma banquière m'a cassé : j'ai des soucis. Je sais par contre que j'ai des rentrées dans deux mois. Je pourrai te rembourser mais là…

- De combien as-tu besoin ?

- Huit mille euros.

- Très bien. Tu as de la chance. J'avais aidé un autre frère. Il vient de me renvoyer l'argent.
Donne-moi ton numéro de compte et je te fais le versement.

- Je vais te signer une reconnaissance de dettes.

- Pas besoin.

Le ton était si ferme que je n'ai pas insisté. De toutes façons, il n'y avait aucun risque : je ne pouvais que tenir parole.

- Et pour le reste. Raconte-moi comment tu vis tes débuts en maçonnerie.

Il avait tourné la page. Ce qui pour moi était une question de survie n'était pour lui qu'une formalité. Son rôle de surveillant était à ses yeux beaucoup plus important. En cela comme dans le reste, il jouait la perfection. J'étais immensément fier de compter parmi ses amis.

Je me trompais : je n'étais pas son ami. J'étais son jeune frère. Et il me guidait sur un chemin dont je ne connaissais pas les détours. Il avait à ce moment-là, lui aussi, une dizaine d'années de maçonnerie derrière lui, comme moi aujourd'hui. Et je ferais exactement comme lui pour Xavier s'il venait vers moi, pour quelque demande que ce puisse être. Ce n'est qu'au spectacle des actes de nos apprentis que nous prenons la mesure de nos propres apprentissages. Nous mûrissons dans ce chemin, presque sans nous en rendre compte. Nous changeons. Nous devenons autres. Nous vivons autrement. Nous n'avons plus les mêmes valeurs… Même si cette expression est éculée, elle a ici tout son sens.

Oui, Ignace m'a aidé. Et je n'ai pas tenu ma parole. Deux mois plus tard, j'en étais toujours au même point. Pas de trésorerie. Bien sûr, cette garce de banquière m'avait joué tous les tours pendables. Bien sûr, un client m'avait fait faux bond et ne m'avait pas payé. Bien sûr ! Mais là n'était pas l'erreur. L'erreur venait de moi qui n'avait pas su, ni pu, ni voulu mesurer les risques. Je n'avais pas voulu ouvrir les yeux sur ma réalité : je continuais de vivre dans mon rêve.

Je n'osais pas le lui dire. En réalité, j'en avais envie : je ne pouvais pas lui mentir. Chaque vendredi, lorsque nous avions une tenue, je me préparais. « Tu vas lui dire la vérité. Tu vas lui expliquer. Il comprendra… etc » Et à chaque fois, je baissais les yeux. A chaque fois, je postposais.

Un soir, comme celui qui nous a amenés ici, j'étais encore mélancolique, dans la bibliothèque de la loge. Il est venu vers moi. Il m'a regardé. Il est plus grand que moi. Il ne disait rien. Son regard était paisible, tellement paisible qu'il en était inquiétant, pénétrant. Il m'a sorti de ma rêverie. J'ai levé les yeux. Je n'avais pas à attendre sa question : il avait déjà tout dit.

- Je vais devoir étaler le remboursement.

- Je le sais !

- Mais je te paierai les intérêts.

- Non, juste le capital.

- Mais…

- Juste le capital. Combien peux-tu verser par mois ?

- Je pense que je pourrais verser… 250 €.

- Je ne veux pas que tu t'étrangles. Je connais tes soucis. Disons 200 € par mois.
D'accord ?
D'accord !

Cela s'était fait aussi simplement que lorsque je lui avais demandé cet argent. Nous étions ensuite passés à autre chose. Il projetait de m'emmener en visite à Champion.

*
* *

J'étais en pleine métamorphose. Je ne voyais vraiment plus rien comme avant. Autant j'en avais eu assez de courir après mon ombre, autant je retrouvais de l'enthousiasme pour mon vrai métier : celui de prof. Les copies de mes étudiants reprenaient vie lorsque je corrigeais. Ce n'étaient plus simplement des feuilles que je devais lire et annoter, mais surtout le lieu d'un dialogue où ils se racontaient. Le respect pour leurs études se réinstallait en moi. Bref, je changeais. J'avais le sentiment de revenir à mes vraies valeurs. En vivant en harmonie avec mes convictions, je ne pouvais que trouver un nouvel équilibre.

J'avais oublié que mon entourage ne me suivait pas. Il ne comprenait pas. Comment expliquer une mutation si profonde et encore, à ce moment, si peu consciente ?

C'était durant les examens de juin. J'étais allé rechercher Alexandre à Bonne-Espérance. Il faisait très chaud et plutôt que d'utiliser la climatisation, j'avais ouvert toutes les vitres de la voiture. Cela nous obligeait à parler plus fort, pour couvrir le bruit du moteur. Nous discutions d'un peut tout : les questions de l'examen, les copains, les copines… Bref, ce qui fait la vie d'un élève de secondaire. Brutalement, il s'est arrêté de parler. Il s'est appuyé le dos contre la portière de manière à mieux me voir.

- C'est vrai que tu ne veux plus travailler ?

- Qui t'a dit une bêtise pareille ?

- Maman !

- Tu rigoles ou quoi ? Je n'ai jamais dit ça...

- Elle nous en a parlé hier soir, en soupant.
Tu étais parti à ta Loge. Il y a quelqu'un qui
a téléphoné. Je crois que c'était Robert. Ils
ont discuté longtemps. Puis, quand elle est
revenue à table, maman avait l'air toute
bizarre. Elle nous a regardés, David et moi et
puis elle nous a demandés : «Vous ne trouvez
pas que votre père change ?» Elle nous a dit
que depuis que tu fréquentais Jean-Pierre, tu
n'étais plus comme avant ; que tu négligeais
tes affaires et que tout le monde s'inquiétait
parce que si tu continuais comme ça, tu allais
faire faillite, qu'on allait devoir revendre la
maison et qu'on ne pourrait même pas faire
d'études !

- Et bien ça alors ! C'est de la folie !
Comment votre mère peut-elle dire des
horreurs pareilles. Non, Alexandre. Je
continue à travailler mais plus tous les jours
jusque minuit. Ca fait quinze ans que je me
crève comme un damné et là, je lève un peu
le pied. Ta maman s'inquiète pour rien. Tu
sais comme elle est. D'ailleurs, tu verras. La

semaine prochaine, un client me paie et son sourire va revenir comme par enchantement. Quand il y a des sous : tout va bien. Quand il y an a moins : c'est la panique ! Elle est comme ça. On ne la changera pas.

- T'es sûr ?

- Absolument ! Pour qu'est-ce que je te mentirais ? Il n'y a aucune raison.

Nous étions arrivés à la maison. J'avais garé la voiture sous les pins noirs, comme toujours. Alexandre ne descendait pas. Il restait là, à m'observer.

- Elle dit aussi que c'est parce que tu es devenu Franc-Maçon que tu changes et qu'en plus, ce ne sont même pas les vrais. C'est quoi, les Francs-Maçons ?

- Alors là, mon fils, nous en avons pour des heures et je crois qu'aujourd'hui, tu as encore pas mal de choses à étudier. Pas vrai ?

- Allez… Explique-moi !
- Bon. Cinq minutes et puis tu files dans ta chambre. En gros, les Francs-Maçons sont des hommes, ou des femmes, qui se réunissent pour discuter des choses à faire

pour mieux vivre et pour essayer de rendre les gens heureux autour d'eux.

- Dis donc, tu commences mal ! me fait-il sur un ton moqueur.

J'en reste bouche bée. Ce petit morpion ne se fout pas de moi. Il est sérieux. Il dit vrai ! A quatorze ans. Voilà qui promet. Je poursuis néanmoins.

- C'est un peu comme des curés, si tu veux, mais ils vivent comme tout le monde. Ils sont mariés. Ils ont des enfants et ils restent discrets. Disons qu'en règle générale, les Maçons n'aiment pas trop qu'on sache qu'ils le sont.

- Pourtant, toi tu ne te gênes pas : tout le monde le sait !

Et voilà pour le deuxième service ! Décidément, il est en verve aujourd'hui, le fiston ! Il avait pourtant raison. A mes débuts, je manquais cruellement de discrétion. A tous ceux que je rencontrais et qui avaient un peu d'importance pour moi, des amis, certains clients plus anciens, des collègues de confiance, je ne pouvais m'empêcher de tomber dans le travers de la fausse confidence.

- Tu sais, je suis Maçon.

- C'est pas vrai !!!

- Si, je te jure…

- Et Untel, il est avec toi ?

- Ca, je ne peux rien dire. J'ai juré le secret… Je peux me dévoiler parce que je te fais confiance mais je ne peux absolument pas parler des autres.

A priori, on ne se dévoile qu'à ceux que l'on veut recruter ou alors à des gens de grande confiance qui sont capables de comprendre la démarche.

Comme beaucoup, j'ai cédé à la tentation. Au début, je prenais un plaisir indescriptible à voir leurs regards ébahis. Avec le temps, ils s'étaient faits de plus en plus souvent incrédules. Finalement, c'est un discrédit moqueur et généralisé qui a protégé mon appartenance.

Chapitre 14 : Le tableau de Loge.

La Maçonnerie est tout entière en noir et blanc. Elle peut être monstrueuse. La façon de la vivre peut être dévorante. Il faut être vigilant et s'informer de ses dangers intrinsèques, voilà tout. Elle ouvre heureusement des perspectives extraordinaires et fait vivre des expériences incomparables. A priori, elle n'est que répétition de rites plus ou moins hermétiques. En fait, comme pratiquement tout en Maçonnerie, ce sont des exercices symboliques qui vous remuent l'âme jusque dans ses tréfonds, qui vous modifient et vous amènent à une véritable conscience de vous. Oui, je crois que c'est le fait de l'apprentissage : la prise de conscience de soi. Je suis un « être existant », expression redondante sans doute mais marquant le sens.

L'exécution du tableau est un de ces exercices symboliques !

Pour votre information, durant une tenue, le tableau est posé sur le sol, au centre de la Loge. Il est entouré des trois Grandes Lumières. Vous pouvez voir ce type d'illustration dans n'importe quel ouvrage traitant de Maçonnerie.

La plupart du temps, on parle d'un tapis de Loge qu'un ou des apprentis déroule en début de tenue, à l'invitation du Vénérable Maître. Chez nous, c'est différent. Nous avons un tableau noir, comme à l'école, posé sur le sol. L'apprenti s'agenouille à sa base et se dégante. (Nous portons toujours des gants blancs en tenue). A sa droite, une craie blanche, un bol rempli d'eau et un linge : ce sera pour effacer. Lorsque le Véné, qui a procédé aux autres actes symboliques, lui en donne l'autorisation, l'apprenti dessine son tableau. Une fois terminé, le Véné en vérifie la correction, approuve la plupart du temps, fait corriger si nécessaire. L'apprenti peut alors rejoindre sa place sur la colonne, c'est-à-dire les stalles du Nord.

Simple, n'est-ce pas ? Vous avez le mode d'emploi ! Et pourtant, c'est un peu comme chez Ikea : quand il s'agit de mettre tout cela en œuvre, c'est une autre paire de manches ! Je vais essayer de vous faire comprendre pourquoi.

Jean-Pierre, après mon initiation, m'en avait parlé avec enthousiasme.

- A la prochaine tenue, c'est toi qui dessineras le tableau. Prépare-toi.

- J'aimerais bien qu'on le répète.

- Bien sûr, je passerai chez toi.

Je savais que l'invitation lui plairait. Jean-Pierre adorait venir à la maison. Sans doute parce que le spectacle de cette petite famille lui plaisait et lui rappelait des jours heureux. Peut-être tout simplement parce qu'il m'aimait comme son petit Frère dont il devait prendre soin. Je l'appelais d'ailleurs souvent Grand Frère. Cela le faisait rire. Ses moustaches se mettaient à balancer. Son teint devenait encore plus rouge. Il se tenait les côtes et souvent, se pliait en avant.

- Ah bon sang, j'ai la gorge tout irritée à force de rire.

C'était sa manière de réclamer un verre. Un whisky de préférence. Pas de problème, chez Berteaux, personne n'a jamais eu soif. Je ne crachais pas dessus non plus. Je servais deux verres bien remplis.

- Montre-moi ce que tu sais faire.

Nous étions attablés dans la salle à manger.
C'était un peu comme un cours particulier.
Mon prof était à ma droite et surveillait le
déroulement de mon exercice. J'avais le trac
comme un gamin qui passe un examen.
J'aurais pourtant dû être sûr de moi : j'avais
répété à maintes reprises. Dès que j'avais un
moment, je le dessinais. D'abord
l'encadrement avec son nombre bien précis
de repères puis le haut du tableau et deux
signes opposés mais indissociables. Les trois
grandes lumières. Les différents symboles
attribués au Vénérable et aux deux
surveillants, l'abaque, les pierres et leurs
outils, le temple.

Parenthèse pour les Frères et Sœurs. Rares
sont les loges où les apprentis dessinent le
tableau. Cela se fait aussi à Waterloo. C'est
cependant très peu pratiqué et pourtant, quelle
magie ! Optez pour la formule. Que Maîtres,
Compagnons y retournent aussi… Vous
verrez !

Oui, j'avais répété tant que je le pouvais. A
l'école, je m'enfermais dans une classe pour
le dessiner au tableau et ressentir l'impression
que donne la craie quand on trace. Au
bureau, je le faisais le plus souvent sur du

papier de récupération, quand les employés étaient partis. J'ai même acheté spécialement un bloc de grandes feuilles que je posais à même le sol pour m'exercer. Je vous passe les réflexions de David quand il me voyait à genoux, peinant avec un gros feutre noir à la main, occupé à dessiner des signes incompréhensibles sur cette feuille tellement grande que je devais m'étendre et presque me coucher pour en atteindre le sommet.

- Voilà qui est parfait, mon grand ! finit par me dire Jean-Pierre. On dirait que tu as fait ça toute ta vie. Voyons maintenant si tu comprends ce que tu as dessiné.
Commençons par ces deux signes en haut. On voit très bien ce que c'est. Pourquoi, à ton avis, sont-ils placés là et pourquoi se font-ils face. Y vois-tu une signification ?

C'est là que commençait la formation. Jean-Pierre ne me donnait jamais aucune réponse mais il me poussait à lui donner des explications sur ce que ceci ou cela pouvait signifier, à quoi cela pouvait se rapporter dans la vie, me demandait si l'on ne pouvait pas y trouver d'autres sens… Cela durait souvent deux heures, parfois trois. J'étais poussé par mon Maître à chercher en moi des réponses que j'ignorais. Je ne pouvais formuler que des hypothèses parfois contradictoires. Cela me perturbait. Ce type de réflexion me poursuivait jour et nuit, sans exagération. Si je me réveillais dans mon sommeil chaotique, c'était à mon tableau que je pensais. Sur la route, mes pensées s'évadaient vers les colonnes du temple. Pourquoi, dans notre loge, étaient-elles surmontées de ces fruits alors que, sur le tableau, ils n'apparaissaient pas… C'est tout cela qui m'occupait l'esprit, à cette époque. Cela vous semble futile, j'en conviens. Cependant, lorsqu'on est dedans, on est obnubilé. On cherche des réponses. On veut en savoir davantage pour pouvoir atteindre un niveau de connaissance qui nous permettra d'accéder au deuxième degré. Mais les Maîtres veillent et entretiennent notre impatience avec un art consommé.

Nous étions cinq apprentis : Christian, Philippe, Pol, Bertrand, Charles et moi. Pol et Charles avaient été initiés un an plus tôt. Ils terminaient donc leur apprentissage. Ils passeraient compagnons durant le second semestre et quitteraient notre séminaire pour rejoindre celui du deuxième degré. Bertrand nous avait rejoints peu de temps après notre initiation.

C'est fou ce que ces séminaires soudent les hommes. Encore à l'instant, lorsque je vous décrivais le tableau, dans la mesure de ce qui m'est autorisé, je me suis interrompu pour leur envoyer un mail. J'avais besoin d'un renseignement, bien sûr, mais en plus, ça m'a fait plaisir d'avoir une pensée pour eux, de leur souhaiter une bonne journée. C'est ça aussi, la maçonnerie : « Bonjour mon Frère, j'ai une pensée pour toi. Passe une bonne journée ». Non, ce n'est ni idiot ni ringard. C'est bon de savoir que l'on n'est pas seul et que des gens pensent à vous de manière positive. Pas vrai ?

Nous voilà donc en séminaire, confortablement installés autour d'une grande table de réunion. Le thème de la soirée est le pavé mosaïque. Vous le savez sans doute, dans une loge, le sol est couvert d'un damier noir et blanc et cela, partout dans le monde. Pourquoi ce noir et ce blanc ? En quoi cette disposition conditionne-t-elle les déplacements en loge ? Qui peut ou ne peut pas faire ceci ou cela durant une tenue? Voilà le genre d'information que Lucien nous livrait. Il y avait tout le registre des questions techniques, des us et coutumes de la Maçonnerie et puis celui de la symbolique qu'il nous faisait découvrir sur le mode de la

maïeutique, chère à Socrate. Lucien
accouchait nos esprits. Les rituels,
immuables, apportent autant de réponses que
de questions. Et nous cherchons, et nous
avançons, parfois à reculons… mais nous
avançons. Nous vivons cela ensemble, par
strates, par générations.

*

* *

La Maçonnerie est une démarche
éminemment personnelle. Elle permet aux
Frères, lorsqu'ils ont atteint un certain niveau
de connaissance, de partager un même degré
d'expérience. A ce moment, ils commencent
à parler de fraternité. A ces moments, ils
peuvent partager l'énergie qui irradie la loge
du Zénith au Nadir, de l'Orient à l'Occident,
du Midi au Septentrion… Ils tenteront
l'égrégore, l'approcheront, la frôleront ou la
vivront… moments d'extase ! Elyse en toute
lumière, l'inaccessible étoile entre leurs
mains jointes…

Chapitre 15. Elyse.

Elyse était cheftaine des Guides, à Soignies.
Ses parents avaient connu l'opulence puis la
faillite de leur entreprise. J'avais toujours
admiré la dignité d'Elyse face aux
méchancetés de quelques railleuses.

- Ah, tu es moins fière, maintenant… Tu n'es
plus rien. Finies les grosses baraques et les
belles voitures. Ton père est ruiné. C'est
bien fait…

- Elle ne réagissait pas. Elle soutenait leur
regard, pourtant. Elle écoutait, impassible.
Elle dominait, naturellement. Sa grâce, son
élégance, sa noblesse oserais-je dire avaient
toujours le dessus et les moqueuses n'avaient
plus qu'à se retirer, encore plus hargneuses de
n'avoir pas réussi à la blesser, à la faire
pleurer. Elyse, cette jeune fille apparemment
si fragile et pourtant si forte ! Je la vénérais.

Tous les jours, à l'arrêt du bus, sur la place
du jeu de balles, je guettais son arrivée. Elle
était toujours accompagnée des mêmes
copines, des fidèles. Elles se mettaient
toujours au même endroit. J'étais à l'affût,
été comme hiver, automne et printemps, par

tous les temps. En réalité, je faisais semblant de discuter avec des copains de ma classe. Les pions veillaient. Pas moyen de tenter la moindre manœuvre d'approche au risque de se faire repérer et convoquer chez le Principal du Collège.

Elyse était déjà inaccessible. Pourtant, à plusieurs reprises, j'avais bravé les interdits et pris sa défense. J'étais sorti de mon groupe de copains et m'étais interposé.

- Allez-vous-en, sales gamines. Vous êtes moches. Vous êtes méchantes. Retournez dans vos niches.

Là, j'étais le chevalier servant, le défenseur de la princesse insultée… A chaque fois, elle m'avait dit un petit « Merci », sans plus. Pourtant, avant de monter dans le bus qui devait la ramener chez elle, elle tournait discrètement la tête pour s'assurer que j'étais encore là à la regarder. Je la devinais souriante, rassurée d'avoir quelqu'un qui la défendait. Peut-être avait-elle compris que j'étais amoureux. Peut-être était-elle amoureuse ? Une seule fois, assise à la fenêtre, elle m'a fait un signe de la main. Etait-ce une invitation ? Je n'ai jamais osé lui demander un rendez-vous. C'aurait été relativement facile pourtant… au vieux cimetière évidemment. Mais non, je n'ai pas osé, de peur sans doute de briser mon rêve ou parce que je me sentais trop bien dans cette ambiance équivoque faite d'incertitudes et d'attentes tellement riches en émotions.

Je suis pourtant certain qu'elle savait et qu'elle n'attendait qu'un geste. Comme notre mixité était sous haute surveillance, nous utilisions toutes les possibilités qui s'offraient à nous de voir « les filles ». La chorale était une de ces opportunités. J'y jouais de la guitare. En plus, j'étais soliste. Soliste occasionnel sans doute, mais soliste quand même. J'avais donc mon petit succès auprès de ces jeunes filles de bonne famille qui y venaient exactement pour les mêmes raisons que nous : faire des rencontres.

J'étais toujours à l'arrière du groupe, en tant que musicien. J'entendais leurs conversations.

- Tu as vu ? Il t'a regardée.

- Oui, je sais. Il le fait tout le temps.

- Oh ! ça alors. Tu en as de la chance…

- Chut… Il écoute.

J'imaginais alors que je l'embrassais…

Bien sûr, cela fait sourire aujourd'hui. Mais, avec ce clavier sous les doigts, je retrouve un émoustillement intact à la seule pensée de pouvoir effleurer la joue d'Elyse. Elyse. Tu m'as fait tellement rêver. Pourtant, je n'ai jamais osé te parler. Je t'ai laissée t'éloigner. Tu étais trop parfaite pour moi. Je n'étais qu'un adolescent craintif.

Cette recherche de l'amour parfait, digne d'un roman courtois, c'est sur ma loge que, adulte, je l'avais transposée. Je me devais d'être un fier Maçon, chevauchant son noble destrier, pour mériter cette noble conquête qu'était ma loge, mon Elyse, ma loge élyséenne… Je franchirais toutes les épreuves pour la mériter : elle était ma vie, mon espoir, mon amour, mon étoile flamboyante.

*

* *

J'avais été invité chez Benoît, mon entrepreneur, pour discuter du chantier. C'était au tout début des travaux de

Forestaille. Je ne sais plus pourquoi, Doudou ne m'avait pas accompagné. Elle s'occupait de la vente de notre maison de Baudour, je crois. Nous voulions absolument une fontaine au centre de la cour et une rose des vents au sol, comme sur l'esplanade de La Panne. Cependant, nous n'aimions pas le carrelage jaune qu'ils y avaient utilisé. Nous devions donc trouver d'autres harmonies de tons. Pierre bleue et marbre rouge : parfait mais pour le reste... J'étais fort tenté par le granit ou le porphyre pour leurs reflets de mica.

Après avoir visité une bonne dizaine de chantiers de tailleurs de pierre, nous avons trouvé notre bonheur à Quenast. Ce serait du porphyre. On m'avait bien proposé le granit chinois mais je m'en méfiais, même s'il était à moitié prix.

A notre retour, Karine avait préparé un petit lunch. Elle nous a fait passer dans la salle à manger. Et là, je ne sais pourquoi, j'ai levé les yeux vers la fenêtre extérieure. Le soleil était directement dans l'axe, en contre-jour. Un portrait, posé sur un trépied, était posé sur une commode. Même ébloui, je l'ai reconnue en un instant. C'était elle ! J'en étais

suffoqué. Que faisait-elle ici ? Il y avait des
années que je n'en n'ai plus aucune nouvelle.

- Karine a vu ma stupeur.

- Ca va, Olivier ? Tu as un problème.

J'étais incapable de répondre. J'étais
vraiment bloqué, comme tétanisé. Karine
s'est approchée, m'a secoué le bras.

- Ca va ? Réponds-moi, qu'est-ce qui
t'arrive ?

J'ai tendu le bras vers la photo. Je suis
parvenu à prononcer « Elyse ? »

- Oui, c'est ma belle-sœur Elyse. Tu la
connaissais ? D'accord ! A ta mine, je vois
bien que ça ne va pas. Viens t'asseoir. Je
vais te donner un verre d'eau.

- Pourquoi as-tu dit « Tu la connaissais » ?

- Ah, tu ne sais pas. Benoît va rester près de
toi. Je reviens dans un instant. Détends-toi
quelques minutes. Je vais te raconter.

Subitement, cette pièce, pourtant si
chaleureuse, m'a semblé glaciale. J'avais

tout compris. Elle était l'antichambre de la mort. Les tentures fleuries se sont figées. Leur léger mouvement, sous le vent, m'est subitement apparu comme le balancement d'un ostensoir. Même les roses sentaient le chrysanthème.

J'ai levé les yeux vers Benoît. Il s'est avancé vers moi. Inquiet. Il a lu ma stupeur.

- Elyse n'est plus. Elle a eu un grave accident de voiture il y a dix ans. Tu la connaissais ?

- Oui, plus ou moins. Nous nous sommes fréquentés quand nous étions jeunes. Je crois que je l'aimais bien.

- Je vois. Et tu connaissais son mari, Hubert ?

- Oui. Quand nous étions étudiants à Louvain, elle m'avait invité chez eux, dans le quartier des roulottes. C'était la première fois que je le rencontrais. Ca a été la dernière fois que je l'ai vue. Après, je les ai perdus de vue.

- Elyse était ma sœur . Avec Hubert, je m'entendais remarquablement bien. Lui, architecte et moi, entrepreneur : nous étions complémentaires. Lui parlait d'innovations technologiques et de construction durable, déjà. Moi, par mon travail de restauration, je redécouvrais tous les jours des secrets oubliés. C'était l'entente parfaite. Elyse et Karine s'entendaient comme deux sœurs : il y avait la grande aventurière brune et le petit oiseau blond tout en finesse.

- Dis-moi comment ça c'est passé.

- Personne ne le sait vraiment. Ils revenaient de Soignies vers Mons. A la reine de Hongrie, ils sont sortis de la route et ont percuté un arbre. Elyse a été tuée sur le coup. Hubert n'avait que quelques égratignures. Il ne s'est jamais pardonné d'avoir survécu. Il a laissé aller ses affaires... on voyait bien qu'il n'avait plus envie de vivre. Deux ans plus tard, on l'a retrouvé pendu à l'arbre qui avait tué sa femme... où il pensait avoir tué sa femme.

- Il y a longtemps ?

C'était en 2001. Le dix-huit mai exactement, jour de son anniversaire. Elle venait d'avoir quarante-et-un ans. Je ne sais plus quel jour c'était...

- C'était un vendredi. Oui, le dix-huit mai deux mille un était un vendredi. Je me le rappelle très bien : c'est la première fois de ma vie que je n'ai pas assisté à l'anniversaire de mon père.

Puis, sans évoquer la loge, j'ai moi aussi raconté mon histoire. Soignies, les études et la chorale ; Chimay et le camp scout où, en jouant, je l'avais prise dans mes bras... Leuven où j'aurais pu ; Louvain-la-Neuve et son fiancé : la fin d'un rêve.

Dans la mort, Elyse nous réunissait. Le projet de Forestaille serait une œuvre commune, non pas à sa mémoire mais dans son esprit. Par elle, nous chercherions à atteindre la perfection. C'est pour cela que j'ai voulu y appliquer tous les enseignements techniques et symboliques que mes apprentissages avaient pu m'apporter. Forestaille serait, comme Elyse, une étoile flamboyante.

Chapitre 16. Compagnon.

Un soir de COD, chez Charles. Il n'y a jamais que le Véné, le passé Véné, les deux surveillants, le secrétaire et le trésorier qui y participent. A l'ordre du jour, le passage des deux apprentis les plus anciens : René et Xavier.

L'unanimité est totale pour Xavier. Nous lui octroyons donc la première date prévue au calendrier, juste avant la Saint-Jean d'été : un honneur. Il me revenait de le prévenir.

Arrive le cas de René. Charles est son parrain. Comme moi, il tient à la progression de son poulain. Il est par ailleurs premier surveillant ce qui veut dire qu'il va le recevoir dans son séminaire de compagnons. Il ouvre donc la discussion.

- Vous savez que je suis son parrain et son ami. Je voudrais donc prendre un peu de distance par rapport à la discussion, dit-il avec ce petit accent britannique qui plaisait tant à Madame Eglantier.

- Il n'y a aucune raison ! lui dis-je.

- Discutez sans moi. Je préfère vous écouter.
Je serai plus à l'aise.

Connaissant Charles, ce n'était pas un bon
signe. Il pratiquait toujours de la même
manière lorsqu'il y avait un problème. Il
faisait « pisser le mouton » avant d'annoncer
une nouvelle qui, systématiquement, était une
bombe !

Tout le monde se regarde. En silence.
Qu'est-ce qu'il va encore nous arriver ? On
sait bien que le climat, en loge s'alourdit. Les
rumeurs les plus folles circulent. L'un
voudrait nous quitter ; l'autre serait fâché
parce qu'il n'a pas obtenu de promotion aux
hauts grades ; un troisième aurait fait des
bêtises… L'ambiance n'y est plus. A plus
forte raison, il appartient à la COD de gérer la
loge avec fermeté et diplomatie. Les enjeux
sont d'autant plus importants : dans six mois,
Charles sera installé. Sentant que personne
ne se décidera, je reprends la parole.

- En ce qui me concerne, je ne vois pas
d'obstacle majeur à l'élévation de René. Il
s'entend bien avec les autres apprentis. Il a
été présent à toutes les tenues et à tous les
séminaires. Il est en ordre de cotisation. Sur
le plan administratif, tout est en ordre.

Maintenant, je trouve qu'il a encore trop envie de plaire à tout le monde. Quand je l'imagine, il est courbé en deux et présente une serviette sur un plateau d'argent. Oui, c'est ça : il a une image de larbin obséquieux. Ca ne me plaît pas mais il n'est écrit nulle part qu'un maçon ne pouvait pas être serviable.

- Rien n'est écrit nulle part en ce qui concerne les Maçons, de toute façon. Hormis les Constitutions d'Anderson, les us et coutumes de la Maçonnerie relèvent d'une tradition orale.

C'est évidemment Michaël, notre historien de service, qui est intervenu. Il est parfois un peu agaçant et il le sait : ça l'amuse.

- Justement, puisque tu les connais si bien les us et coutumes, fais-je un rien irrité, qu'as-tu à dire de René ?

- Je ne l'aime pas. Je vous l'avais dit dès que vous avez voulu le faire entrer. Moi, je ne le sens pas et vous allez bien vous amuser.

Son accent bruxellois et sa voix un rien chevrotante sont inimitables. En plus, il est d'une parfaite mauvaise foi. Il veut simplement nous dire : « Je m'en lave les mains ». Un vrai régal. On se croirait dans « Le mariage de Madame Beulemans ». Malheureusement, l'ambiance du moment n'est pas celle d'une comédie de boulevard. Il y a un souci !

- Je suis assez d'accord avec Olivier, intervient Danny. Si on réfléchit bien. Qu'est-ce qui a changé chez ce garçon-là ? Rappelez-vous, nous l'avons accepté dans de mauvaises conditions. D'abord, il arrive juste après l'affaire de la bille noire. Puis, il y a l'affaire des rapports de Bertrand. Ce n'est plus qu'un secret polichinelle : tout le monde connaît l'histoire. Donc, il a, pour tous, une mauvaise image et, à mon avis, il doit en être conscient. C'est peut-être pour ça qu'il s'entête à essayer de plaire.

- Pas d'accord. C'est Bertrand qui parle. Non. Excusez-moi, mes Frères, mais je ne suis pas d'accord. Depuis qu'il est entré, nous avons eu exactement sept séminaires. Nous avons fait cinq visites dans des loges sœurs et cinq tenues chez nous. Autant Xavier a progressé, autant celui-ci est resté le même. Il faut le voir. Il parade, il se pavane. C'est du mon Frère par ci, mon Frère par là… Je te donne ma carte de visite. Je te sonnerai pour prendre rendez-vous... Il se croit à la Chambre de Commerce. Non, vraiment, il est incurable.

- C'est un commercial. Tout le monde le sait.

- Oui, mais il ne fait pas la part des choses et je sais qu'il ne changera jamais. Qu'en penses-tu, boss ?

Pierre aime bien prendre du recul. Son rôle de Vénérable le lui impose, d'ailleurs.

- Nous ne pouvons pas reprocher à René d'avoir été initié dans de mauvaises circonstances. C'est à nous seuls que nous devons nous en prendre. Nous avons manqué de vigilance. Comme il est en ordre, je ne vois aucune raison de l'empêcher de passer compagnon. Ca, c'est une première chose. Son état d'esprit en est une autre. A-t-il compris ce qu'est la Maçonnerie ? A-t-il conscience de lui-même ? Pourrait-il répondre à cette question du rituel : « Que venons-nous faire en loge ? ». C'est à Bertrand à répondre à nous éclairer.

- Pour moi, sincèrement, non. Attention. Mon avis est peut-être faussé par cette histoire de rapports. On ne va pas tourner en rond

pendant cinq heures. Tout le monde a parlé.
A Charles de donner son avis.

- Je vous ai laissé parler parce que je suis très
mal à l'aise avec René. J'entends que je ne
suis pas le seul. Pour tout dire, René m'a mis
en situation difficile sur le plan professionnel.
J'ai failli perdre toute ma clientèle au Brésil
par une de ses indiscrétions. Nous travaillons
parfois ensemble et je l'avais invité à
rencontrer les membres d'une délégation de
Sao Paulo. Il y a du boulot pour lui là-bas
mais il ne connaît rien aux mentalités. Il a
voulu faire le malin et a laissé entendre qu'il
était Maçon et que donc, je l'étais aussi.
C'était vraiment la dernière des choses à faire
avec ces gens-là. Ce sont les pires
conservateurs de la droite catholique, des
propriétaires terriens, des soldats du Christ en
croix. Vous imaginez ! Pour eux, les Francs-
Maçons sont des hérétiques. Les éliminer est
un devoir sacré.
Bref, ce type est inconscient et fou.
Heureusement, j'ai pu récupérer l'affaire. Il
y a plus de vingt ans que je les connais et ils
me font confiance. Mais René est banni de
mes affaires, de mes amis, de chez moi. Et
avec le profil qu'il s'est créé, je lui
déconseille réellement de jamais mettre un
pied au Brésil. Voilà. Il a commis une faute.

Si je m'écoutais, je déposerais une plainte devant notre tribunal maçonnique. Je ne le ferai pas. Ce type est dangereux pour nous et pour l'Ordre. Il faut s'en rendre compte.

- Nous allons faire une pause, décide Pierre.

La réunion a duré jusque deux heures du matin, rien que sur ce point. Finalement, nous avons décidé de postposer son augmentation de salaire d'un an. Nous l'avons averti officiellement que, en cas de récidive, nous lui intenterions un procès devant le tribunal de l'Ordre. Nous en avons informé Bruxelles.

J'ai été chargé de le lui annoncer. Humainement, Bertrand ne pouvait pas le faire. Nous nous sommes vus dans un restaurant de Waterloo. Sa seule réaction peut se résumer en ceci. « Que va encore dire Marie-Victoire ? »

J'en ai presque eu pitié, à cet instant. Il me rappelait ma propre soumission, ce besoin forcené de plaire à une femme perpétuellement insatisfaite, ambitieuse, dominatrice. Quelque part, je le comprenais. Je craignais pour lui. J'aurais voulu le protéger. Je me suis tu, au nom de la loi du

silence. Si un Maçon est un homme libre,
comme le dit le rituel, il doit assumer, seul,
ses actes et décisions. La Maçonnerie,
souvent, oblige à la solitude.

*

* *

Dans un couloir, entre deux cours :

- Xavier, tu termines quand aujourd'hui ?

- A dix-huit heures. Je joue les nocturnes...

- Si je passe chez toi vers dix-neuf heures,
c'est bon ?

- Pour l'apéro, sans doute ?

- Ce serait un plus. On doit discuter de
salaire.

- Tu sais bien que je ne suis plus au syndicat.
- Mais enfin ! de salaire...

- Ah ! Oui, bien sûr. Je préviens Sophie.

Je le vois filer comme le vent vers sa voiture,
garée à l'arrière du bâtiment. De la fenêtre du
premier, où je me suis posté, je peux

l'observer. Il appelle sa Sophie. Je devine la conversation.

- Ce soir, Olivier va passer à la maison. Il veut me parler de mon passage au grande de compagnon. Génial, non ?

- Oh oui, mon chéri. C'est super génial.

A son allure en sortant de sa voiture, je sais que c'est o.k. Ce soir, je prends un verre chez Sophie. Je reverrai mon Elyse.

Suis-je fou ? Serais-je en train de nager en plein délire ? Non. Je suis parfaitement maître de moi. Je suis Maître, simplement. Je sais que le destin ne ment pas. Les signes sont là. Elyse est partie lorsque je suis né, un dix-huit mai. Avec Benoît, son frère de sang, j'ai construit son temple. Elle y est revenue en Sophie. Elle veut m'aider à accomplir cette mission que je pressens. Par elle, Xavier sera mon allié. Pour elle, je dois en faire un Maître. C'est écrit. Les signes ne mentent pas.

- Tu as un mois pour préparer ta planche. Fais un texte de dix minutes, un quart d'heure, maximum. Il ne faut pas assommer les Frères.

- Comment être sûr que c'est dans le ton ?

- Tu en as déjà entendu plusieurs. Je ne dois plus rien te dire quant au contenu. Sois vrai. Pour la forme, tu la feras lire par ton Surveillant. Je n'ai aucune crainte quant à tes compétences ! Ton passage est prévu le trois juin, juste avant la Solsticiale d'été.

- C'est tout ?

- C'est tout !

Je n'ai pas pu m'empêcher de sourire en lui annonçant la nouvelle. J'étais heureux sans doute mais je me rappelais cet épisode burlesque où Alain nous avait fait subir une planche répartie sur les trois degrés en une seule tenue. Trois quarts d'heure aux premier et second et une demi-heure au troisième, à faire l'exégèse du rituel ! Passionnant... Je n'avais pas pu m'empêcher de prendre la parole lorsqu'on y invite les Frères et d'y aller sur le mode aigre-doux en parodiant le style pompeux et figé des interventions.

- Vénérable Maître, et vous mes Frères en grades et qualités, je me permets de remercier notre Frère Alain pour la qualité de sa planche et le sérieux de ses travaux. Je suis certain que nous tous ici présents garderons un souvenir marquant de cette tenue. Pour ma part, j'en retire un éclairage beaucoup plus complet qui marquera ma vie maçonnique. Pourrais-je cependant demander à notre Frère Alain, à l'avenir, de ne pas confondre présentation d'une planche et prise d'otages ? J'ai dit Vénérable Maître.

Je me suis rassis. J'ai vu tous les sourires figés, les larmes qui perlaient, de fatigue et de rires contenus. J'ai senti le regard assassin d'Alain. C'est comme ça qu'on ne se fait pas que des amis : l'humour, même au troisième degré, n'est pas toujours bien compris !

- Un petit Porto ?

- Non merci. C'est mon mois sec. Un petit café fera l'affaire !

- Ton mois sec ? C'est nouveau ça ?

- Pas vraiment. Il y a longtemps que j'y pense. Un de mes clients m'avait fort impressionné, il y a des années de cela. Il jeûnait un jour par semaine et faisait le Carême et le Ramadan. Il se moquait superbement des religions mais il trouvait que c'était bon pour la santé. Sur le fond, il n'a pas tort. Je fais donc un peu comme lui et je m'en porte bien mieux.

- C'est qu'il deviendrait raisonnable, le collègue !

- Il est de plus en plus raisonné, le collègue !

*
* *

Xavier allait rencontrer son juge. Il allait découvrir le seul juge qu'un Maçon puisse accepter sur ses actes, ses pensées, ses croyances. L'épreuve, chez nous, n'est pas vraiment impressionnante : elle mise sur l'intériorité. En cela, elle est indélébile. Je l'ai par contre vu jouer à Maubeuge, au Rite Ecossais Rectifié, un rite très christique. Là, ils misaient vraiment sur des effets théâtraux. Ce n'est pas du tout notre style. Nous avons l'obligation d'une grande rigueur qui ne nous permet pas de fantaisies. Nous sommes la loge mère du Vénérable Grand Maître. On le voit peu mais les anciens le considèrent comme leur enfant, leur bébé, le fruit de leurs efforts. Ils en sont fiers comme d'un fils qui a bien réussi. Il le leur rend bien. Il a promu deux d'entre nous grands officiers. Jean-

Pierre, que tout le monde connaît, et José.
Ses missi dominici, en quelque sorte.

José me fait un peu peur. Je ne le cerne pas.
Il y a des gens comme ça avec qui on ne
parvient pas à être en phase, malgré tous nos
efforts. J'ai toujours eu beaucoup de peine à
discuter avec lui surtout depuis qu'il est
devenu grand officier. Cette anecdote n'est
qu'un exemple de notre incompréhension
mutuelle mais elle est révélatrice.

Les agapes venaient de se terminer. Nous
étions restés à table, à quelques-uns. Nous
discutions de Dieu. Xavier et René étaient
avec nous. Ils écoutaient. J'ai refait ma
théorie sur le Gadlu : Dieu est pour moi un
grand point d'interrogation. Je n'ai jamais
menti. Ni à Jean-Pierre, ni à la COD, ni à la
Loge.

Brusquement, José s'est redressé.

- Continue comme ça et notre loge sera mise
à l'index. Tu n'as pas le droit de tenir ce
genre de discours, surtout pas à nos apprentis.
Tu leur mens. Un Maçon régulier reconnaît
l'existence de Dieu. Point !

Vraiment je me demandais ce qu'il m'arrivait.
Je le voyais subitement en Frollo, noir de tête
en cape. Serais-je Quasimodo ? Devrais-je le
précipiter du haut du clocher de Notre-
Dame ? Je me suis levé presqu'aussi
rapidement que lui. Nous nous sommes
toisés. Tout le monde s'est tu.

- Tu oses prétendre que je mens. Pour qui te
prends-tu ?

Nous sommes tous deux écarlates. Nos yeux
sont exorbités. Un seul mouvement, et je
l'empoigne. Il a osé me traiter de menteur,
d'hérétique ! Il se prend pour l'Inquisition.
Il est fou.

- Je suis un Maçon libre. Je défends
l'universalité de la Maçonnerie. Je n'ai de
leçon à recevoir de personne, fût-il grand
officier. Personne ne m'imposera de dogme.
Personne ne me privera de ma liberté de
penser.

C'est cela que Xavier va découvrir. C'est ce
que je lui offre. C'est en cela que je le crée
Maçon avec le soutien de mes Frères.
Malheur à qui s'attaque à notre chantier !
Nous savons faire la part des choses. Nous
connaissons l'enseignement. Nous saurons

mettre Xavier en garde. Le deuxième degré, comme tous les autres, est à la fois noir et à la fois blanc. La poursuite de la découverte de soi ne doit pas devenir un culte narcissique. Il pousse alors à la destruction. Il doit être au contraire prendre conscience de ses grandeurs et faiblesses, des progrès à effectuer. C'est l'âge du voyage. Désormais, les fondations sont construites. Le Compagnon doit visiter d'autres loges, rencontrer d'autres Maçons, découvrir d'autres rites pour élever les murs de sa propre construction. Cela, nous, les Frères de notre loge, nous le faisons bien. Telle est notre tradition ! Nos rituels sont scrupuleusement respectés. Le pays entier vient nous visiter. Nous avons toujours été, sommes et resterons des exemples de rigueur.

N'en déplaise à d'aucun, pour nous, le rituel n'est pas une fin en soi. Il n'est qu'un moyen d'élévation, un véhicule de transport (si j'ose faire un clin d'œil aux cruciverbistes).

Lucien me pose la main sur l'épaule.

- Olivier, calme-toi. Tu ne dois pas t'emporter comme ça. Et toi, José, tu serais bien inspiré de réfléchir à deux fois avant de donner des leçons. Tu n'étais pas si puriste, avant ! Que du contraire. Alors arrête de te prendre la tête et calme-toi.

José renverse sa chaise et tourne les talons. A la porte, il se retourne vers nous et me pointe du doigt.

- Ca ne se passera pas comme ça. S'il le faut, nous nous compterons !

Nous restons attablés. Silencieux. Pour me calmer, j'enfile trois grands verres d'eau, l'un sur l'autre. Enfin, je peux respirer une bonne fois. Je fais une longue inspiration que je libère lentement : maîtrise de soi ! Lucien sent qu'il peut parler.

- Ca ne me plaît pas. Jamais nous n'avons connu ça. Pourquoi a-t-il changé si radicalement ? Ce ne peut pas être l'histoire de René. Il y a autre chose. J'espère que ce n'est pas comme en septante-neuf.

- Que s'est-il passé en septante-neuf ? fais-je, intrigué.

- Ca a commencé comme ça. Quelques excités ont commencé à dénoncer un manque de rigueur dans les pratiques. Au début, on les a pris pour des rigolos. En fin de compte,

ils ont réussi à persuader Londres de retirer sa reconnaissance à la Grande Loge.
Entretemps, ils avaient créé notre obédience qui a obtenu la Régularité.

- Et bien dis donc, tu m'en apprends. Ca manque de poésie, tout ça. Je n'en avais jamais entendu parler.

- On évite toujours le sujet : ça dérange !

- Tu crois que ça recommence

- Ce n'est qu'une intuition. J'ai pas mal de contacts avec des Frères Français. Chez eux, la situation est très tendue. Les dissensions apparaissent au grand jour. Il y a des blogs où on n'échange pas que des compliments… Et quand la France s'enrhume, la Belgique éternue, tu le sais bien !

- Bof, je n'y crois pas trop. Tu dramatises.

- Je l'espère.

*

* *

En début de tenue, Xavier était engoncé dans son siège, espérant et redoutant en même temps le moment où il serait appelé. Il était écrasé par le doute et la peur d'être jaugé. « Mon discours va-t-il plaire ? ». « Ai-je bien compris ce que la Loge attend de moi ? ». Pour la première fois, il aurait à subir le regard de tous les Frères car, pour la première fois, il serait invité à siéger à l'Orient.

René était absent. C'était compréhensible mais regrettable et dommageable. Il devrait assumer ses actes…
Les mots du Vénérable, après un silence calculé, sonnèrent comme du cristal dans la loge silencieuse, en attente.

- Mes Frères, il est maintenant l'heure d'entendre notre frère apprenti Xavier. Les Frères Maîtres de cette Loge ont jugé qu'il avait effectué son temps et qu'il devait présenter sa planche d'augmentation de salaire.

- Frère Maître de Cérémonie, veuillez quérir le Frère X :. D :. et l'amener face à moi, devant le trône du Roi Salomon.

Sur l'autel, le Volume de la Loi Sacrée, l'Equerre et le Compas étaient disposés conformément au rituel du grade. Xavier s'était mis à l'ordre.

- Mon Frère, l'heure est venue pour vous de présenter votre planche d'augmentation de salaire au grade de Compagnon. En compagnie de votre Surveillant, vous avez vécu une période d'apprentissage où l'on vous a communiqué les secrets de votre grade. Il est temps pour vous de poursuivre votre chemin de Franç-Maçon.

- Frère Maître de Cérémonie, veuillez amener notre Frère à la stalle de l'Orateur.

Xavier devait sentir le regard bienveillant du Vénérable sur son épaule droite. D'un coup d'œil, il tentait parfois de le regarder, mais il était trop pris par le spectacle nouveau qui s'offrait à lui : toute la loge vue depuis l'Orient. En face de lui, à l'Occident, la porte était gardée par le Couvreur. Debout, glaive en main, il devait s'assurer qu'aucun profane ne puisse pénétrer cet espace sacré ni perturber la sérénité des travaux. Les visages des deux surveillants étaient éclairés par les reflets d'une chandelle bleue, brillant à l'angle de leur stalle. Tous les Frères étaient répartis sur les colonnes : Apprentis au Septentrion, Compagnons au Midi, Maîtres selon leur volonté. Au centre, encadré par les trois grandes lumières, se trouvait le tableau de la Loge.

Ce tableau, Xavier l'avait dessiné, en début de tenue. C'était probablement la dernière fois qu'il avait eu ce privilège. En tant que Compagnon, il ne pourrait que le compléter des nouveaux symboles qui lui seraient communiqués après son passage.

Sous la voûte étoilée, avec le scintillement des bougies et, à moments choisis, avec les morceaux sélectionnés par le Maître de Musique, le lieu prenait des allures magiques. Le damier noir et blanc créait la perspective vers les colonnes du Temple. C'était un écrin de lumière tamisée, propice au recueillement. De l'Orient à l'Occident, du Midi au Septentrion, du Zénith au Nadir, Xavier était attendu. Il serait entendu.

- Mes Frères, comme vient de le dire notre Vénérable Maître, l'heure est venue pour moi de vous faire connaître ma planche….

Ces quelques mots avaient suffi à le libérer. Il pouvait maintenant donner libre cours à son émotion, en toute simplicité, sans crainte, porté par le regard des Frères.

J'avais toujours de la peine à soutenir mon attention lors de ces planches. Bien sûr, d'année en année, il y a des redites. Le discours est cependant différent à chaque fois, par les anecdotes et le ressenti.

Je sais ce que Xavier va lire. Je n'ai plus besoin de l'écouter. C'est parfait : mon gars a bien travaillé ! Je vais donc observer la salle. Je veux voir les réactions des Frères. Il y a quelques passages qui, à mon avis, vont faire réagir, comme l'allusion à l'observance du rituel. On n'est pas mon filleul impunément ! Je me suis volontairement placé au Septentrion, près de la stalle du second surveillant. De là, je vois tous les Frères. Ils ne se sont pas placés par hasard.

Jean-Pierre et José sont côte à côte : normal, ils ont des choses à se dire. Ils sont même, dirais-je, de connivence. C'est parfois agaçant mais il faut l'admettre. La structure de la maçonnerie est ainsi faite : la hiérarchie a besoin de secrets, fussent-ils de polichinelles. Hervé et Robert sont juste à côté : à quatre, ils font l'équipe de base. C'est du moins ce qu'ils revendiquent : ils sont la conscience et la mémoire de notre loge. Pourquoi pas si cela leur plaît ? Cela fait sourire tout le monde, ou presque. Je ne peux pas m'empêcher, de temps à autre, de lâcher quelque jeu de mot acide en raillant leur suffisance : ça les irrite !

Alain est de ce groupe. Très long parcours, très hauts grades, très altruiste. Il a prétendu m'aider lorsque j'étais en difficultés avec ma banquière. Ses arguments étaient, à l'entendre, en béton. Personne ne pourrait les réfuter. Il me sauverait. Résultat, Bérénice Brame m'a exécuté. Il n'a pas eu la moindre réaction, tétanisé qu'il était. Je suis resté seul, planté au milieu du gué. Je lui en ai voulu. Maintenant, je le supporte à distance, c'est tout.

Ignace n'est jamais loin. Pendant tout un temps, il s'était fait moins présent. Je suis prêt à parier que tout à l'heure, avant les agapes, il discutera avec les quatre autres. Il ne va pas à eux : ce sont eux qui vont à lui. De quoi peuvent-ils donc bien discuter ? Depuis quelque temps, ils font un petit manège étrange. Danny n'est plus que très rarement de leur groupe. Etrange. C'est pourtant aussi un des tout premiers. Michaël, notre maître à tous, aviateur de la bataille d'Angleterre, membre fondateur de l'Ordre, historien de la Maçonnerie, conférencier mondialement reconnu, Michaël est à

l'Orient, comme toujours. Il les surveille,
l'air de rien.

Il y a Guy, aussi. Il est en face de moi, seul.
Comme il a du courage, mon enquêteur ! Il
sait ce qu'il a. Il est gonflé comme une outre.
Il ne peut même plus s'asseoir : il s'appuie
sur l'accoudoir d'un siège. Il sait qu'il va y
passer mais il est là. Notre loge est une
bonne source d'énergie pour combattre le
crabe. Du moins, c'est un bon atelier où l'on
peut affûter sa volonté, la seule arme. Je ne
pense pas qu'il lui en reste encore beaucoup.
Dommage ! Je crois qu'il va y passer. Il aura
fait son temps, lui aussi. Je sais qu'il l'a bien
fait. Binche, ses Binchois et Bonne-
Espérance ne lui rendront jamais assez
hommage. Normal, ils n'en savent rien : un
Franc-Maçon doit travailler dans la
discrétion !

Guy regarde Jacques. Je le devine plus que je
le vois. Je sais que ses ongles sont blancs.
Mauvaise circulation. Il vient chercher ici
une paix qu'il ne trouvera jamais. Je le vois
pleurer quand il prétend sourire. Il a aussi été
pincé.

Je ne peux rien pour eux. Je n'ai pas encore
digéré. Il y a pourtant trois ans maintenant.

A chaque tenue, vers la fin, je revis la même scène, ce moment où je me suis levé.

- Frères Premier et Second Surveillants, veuillez annoncer sur vos colonnes que si l'un d'entre vous a une communication à faire dans l'intérêt de l'Ordre en général ou de cet atelier en particulier, qu'il s'annonce et la parole lui sera accordée.

- Frère Second Surveillant, Frères de la colonne, reprend le Premier, le Vénérable Maître annonce que si l'un d'entre vous a une communication à faire dans l'intérêt de l'Ordre en général ou de cet atelier en particulier, qu'il s'annonce et la parole lui sera accordée.

- Frères de ma colonne, enchaîne le Second Surveillant, le Vénérable Maître annonce que si l'un d'entre vous a une communication à faire dans l'intérêt de l'Ordre en général ou de cet atelier en particulier, qu'il s'annonce et la parole lui sera accordée.

Je demande la parole. Bertrand me la donne. J'adore son accent montois. Il sent bon le terroir. Aujourd'hui, je suis l'homme le plus heureux du monde. J'ai vaincu la bête immonde. Ca rime et ça rame comme tartine et boteram… Je suis allé cet après-midi à l'hôpital et mon médecin me l'a confirmé : je suis en rémission. Je suis encore maigre et chauve mais j'ai gagné ma bataille. Merci Doudou. Je crois aussi que mes Frères m'ont soutenu et aidé. Je sais qu'ils m'ont donné de l'énergie. Ils m'ont aidé à vaincre : je n'ai jamais été seul.

Je me lève et me mets à l'ordre comme le veut l'usage.

- Vénérable Maître, mes Frères. J'ai appris ce midi que ma « grippe » était guérie. En clair, je suis en rémission. La page « cancer » peut être tournée. Je ne vais pas vous remercier. Je tiens simplement à partager ma joie avec vous. J'ai dit, Vénérable Maître.

Je me suis rassis, très ému. Je fixais le damier. J'étais en moi. Je venais de leur offrir ma victoire en partage. J'avais vaincu ma mort. J'étais descendu aux Enfers. Je l'avais vue de mes yeux. Je l'avais contemplée. J'avais été subjugué par sa beauté, son éclat, sa puissance et sa légèreté. Ma mort était belle. Elle était apaisante. Si je l'avais voulu, elle m'aurait soulagé de toutes ces souffrances accumulées : ce teint cireux, ces yeux vitreux, ces muscles décharnés, ces os perforés, cette peau flasque, cette fatigue harassante. J'avais dit non et l'avais embrassée. De ce baiser, j'avais tiré l'énergie pure, celle qui rend invincible, celle du dernier jugement, celle qui permet de traverser le miroir sans aucune crainte.

Oui, ma mort était belle, séduisante, attirante. Mon heure, faut-il le croire, n'était pas venue. J'avais quitté l'envers du décor. J'étais revenu. Je savais !

Ceux qui ont survécu au crabe me comprendront. Nous nous reconnaîtrons. Nous n'avons pour cela besoin de mots, ni de signes, ni d'attouchements. Nous savons !

C'est cela que j'offrais à mes Frères, cette intarissable source d'énergie qui nous promettait des pas de géants dans notre quête de nous-mêmes, dans le perfectionnement de notre fraternité.

C'est alors que j'ai senti leurs regards. Ils étaient gluants. Puis cette réflexion d'Alain, si affreusement péremptoire : «Pour qui se prend-il ? Il faudra qu'un jour, il essaie de comprendre. » Ignace avait acquiescé, d'un air entendu.

Soudain, j'ai compris mon erreur : ils étaient encore incapables de me comprendre. J'avais évolué trop différemment. Ces deux-là ne connaissaient du miroir que la face sombre de leur narcissisme. Ils s'y miraient et se trouvaient beaux. Ils n'étaient encore que des utilités dans une pièce dont ils ne mesuraient pas la dimension dramatique. Ma loge n'était-elle donc qu'un théâtre où des bouffons débitaient sottement des répliques vaniteuses et suffisantes ? Je me refusais à y croire.

Simplement, ces deux-là ne savaient rien. Ils n'étaient que les maîtres de philosophie de Monsieur Jourdain. Ils étaient comme moi, avant, transparents ! Ils resteraient au balcon de leur vie sacrée. Ils étaient encore incapables de vivre avec leur mort ! Ils se réfugiaient dans une illusion d'existence par leur sujétion à l'Ordre… et donnaient des leçons ! Ils ne vivaient que dans le regard des autres. Ils imploraient la reconnaissance.

Oui, mes Frères, je vous avais offert tout cela en partage. Je me plaçais dans notre chaîne d'union comme un maillon parmi les autres. Vous n'avez vu de mon cadeau que ce que vous pouviez en comprendre : le noir.

Je vous laisse à votre nostalgie et à vos carrières. Je ne peux pas vous imposer un présent dont vous ne voulez pas. Evoluez de votre côté. J'avance du mien. Mais attention ! Ne vous posez plus jamais en juges. Vous n'en avez ni les moyens, ni les connaissances ni le droit. Ne franchissez pas ma limite. Que nous nous comprenions de moins en moins est désormais un fait. Je finirai par penser, comme José, qu'un jour, nous devrons nous compter. En attendant, nous pouvons continuer à voguer de conserve, à une distance respectable.

Bon sang, ce que je suis dur ! Lucien m'avait prévenu : « Ce cancer est peut-être une chance ». A ce moment-là, j'avais été interloqué. Il avait pourtant raison. J'avais bu la coupe d'amertume jusqu'à la lie. J'avais vu la mort en face. J'avais acquis la force vitale. J'avais gagné ma liberté de penser et le droit de juger ! Il faudrait que j'apprenne à bien les maîtriser.

Cette vie que j'aime tant désormais serait-elle donc éternellement cruelle ? Est-il inéluctable que cet accès douloureux à la clairvoyance n'ait débouché que sur un orgueil digne des héros classiques, un « hubris » dévastateur ? Serais-je désormais prisonnier de ce savoir qui me rend inaccessible au commun des mortels ? Ne pourrai-je plus considérer la foule des anonymes que comme un « servum pecus » cher à Horace ? Le Crabe se vengerait-il ainsi en confinant dans un univers de solitude et d'incompréhension ?

Je n'accepte pas ce destin. Je suis un homme libre. Ma maçonnerie m'a appris à vaincre mes passions et à soumette ma volonté, à me maîtriser en force, en sagesse, en beauté. C'est mon lot quotidien. Je l'assume. Le Maçon est condamné à travailler du lever du jour au coucher du soleil. Il façonne sa vie !

Je garderai ma confiance à ces Frères même s'ils m'ont déçu. Mes impressions ne sont qu'instants et non vérité éternelle. Je continuerai à rayonner en ménageant ma brillance. Je ne suis qu'un Frère parmi les Frères, qu'un homme parmi les hommes !

*

* *

Malgré ma distraction et mes cogitations éthérées, je sais que Xavier n'a pas encore terminé la lecture de sa planche. Je poursuis donc l'examen des Frères, sur les colonnes.

Christian, mon jumeau, est maintenant expert.
Il a dû, tout à l'heure, réciter toute une partie
du rituel pour rappeler à Xavier ce à quoi il
s'était engagé lorsqu'il avait été initié, et
aussi pour lui faire comprendre le chemin
qu'il avait déjà parcouru. Il est toujours aussi
étonnant, ce jumeau. Il a connu, comme moi,
les turbulences conjugales, familiales,
économiques. Moi, je me suis réfugié dans
l'écriture pour un voyage intérieur. Lui, pour
trouver des réponses à ses problèmes, est est
parti au Liban avec Médecins sans Frontières.
Les Israéliens attaquaient. Cette expérience
ne l'a pas calmé.

Pour une fois, Lucien a choisi de s'asseoir à
côté de Christian. Ils dégagent tous deux des
masses d'énergie impressionnantes. Autant
l'un a besoin d'exploser ; autant l'autre
intériorise, gère, modère. L'un a
l'impétuosité de la jeunesse et l'autre la force
de la maturité. Les deux se rassemblent en un
point : ils haïssent l'injustice et la partialité, le
grenouillage. Ils sont une paire étrange, ce
soir. Tout est étrange, d'ailleurs dans notre
loge. Elle est un concentré de personnalités
hors gabarit, une crème d'esprits forts, un
distillat d'énergies brutes. Elle est, par
nature, sous tension permanente. En cela, elle
est un microcosme de la Maçonnerie dans ses

grandeurs, ses bassesses et ses contradictions.
Elle est en perpétuelle ébullition.

Xavier a terminé. Il va recevoir l'instruction,
les signes et les mots. Il a fait un nouveau pas
d'aveugle vers l'étoile flamboyante. Il doit
désormais prendre de la hauteur.
Aujourd'hui, il aura appris à décoller.

*
* *

Xavier doit voyager. C'est une des exigences
du grade. Quoi de mieux que d'assister à une
tenue de Grande Loge, à Bruxelles ? Des
Frères de tout le pays y participent. Le
Vénérable Grand Maître lui-même trônera à
l'Orient.

La première fois que j'ai vu -Xavier, c'était
chez nous. Il avait rituellement refusé de
prendre le maillet que le Vénérable de notre
loge lui offrait pour diriger les travaux. Il
s'était assis à ses côtés, en retrait, souriant,
bienveillant, rayonnant. Ses interventions
étaient restées purement protocolaires en
tenue comme durant les agapes. Sa prestance
et sa simplicité m'avaient vraiment
impressionné.

En quelque sorte, c'était son « retour maison ». Il venait, j'en suis certain, retrouver ses racines, recharger ses batteries, renouveler son énergie. Sa vie maçonnique, au niveau où il en était, devait être épuisante mais il aimait ça, manifestement. Il rayonnait et communiquait son énergie. J'en prenais ma part avec une sorte d'émerveillement béat : Pharaon était parmi nous !

A Bruxelles, c'était encore autre chose.

Je n'aime pas trop y aller. D'abord, le quartier est sordide et dangereux. De jour, il faut être vigilant à ne pas garer sa voiture n'importe où. En soirée, c'est la grande aventure : Danny a été vandalisé cinq fois : vitre brisée, radio volée, valise et décors détériorés… Je préfère payer les quinze euros du parking gardé de l'hôtel d'en face.

- Olivier… comment ça va ? Ca fait un bail, dis donc !

Voilà le Frère Marc de Namur qui m'interpelle. Il a fondé une nouvelle loge avec Charles, il y a deux ans à peine. Il est aussi aux hauts grades. C'était magique, je dois le reconnaître mais je ne veux plus passer tout mon temps dans les temples de la loge. Lui, comme Jean-Pierre, Charles, Danny, y consacre pratiquement toutes ses soirées. Quand ils ne sont pas à l'Arche, ils sont aux Mariniers. S'ils ne sont pas en visite, ils procèdent à quelque installation ésotérique. C'est bien pour eux ; ce doit leur être vital. Ce n'est plus pour moi.

Marc m'emmène vers un groupe d'amis. C'est l'accueil d'avant tenue : un tohu-bohu incroyable ! Je réalise rapidement que, dans la cohue, j'ai perdu Xavier. Par chance, nous avons déjà revêtu nos décors. Ce sont en quelque sorte des signes de ralliement : on identifie les grades. Je suis certain qu'il va rencontrer d'autres compagnons. Il fera des connaissances. Je parierais ma médaille qu'avant la fin des agapes, il se sera engagé à rendre visite à l'un ou l'autre. Maintenant qu'il peut voyager seul, sans être couvert par un Maître, il doit user et abuser de son droit. Je vais d'ailleurs m'appliquer à l'y pousser.

Bingo ! Après la tenue, il m'annonce, fier comme Artaban.

- Je suis invité à Bouillon la semaine prochaine. Tu viens avec moi ?

Je n'ai pas vraiment envie de me taper le fin fond des Ardennes, je dois bien l'avouer. J'hésite.

- Et si tu y allais plutôt avec Jean-Pierre. Il m'y a déjà emmené à plusieurs reprises. Tu verras comment il est accueilli. En tant que grand officier, il est responsable de cette zone. Il y connaît tout le monde. Ce pourrait être intéressant...

Je ne prenais que peu de risques à lui proposer Jean-Pierre. A priori, il est toujours d'accord pour partir. Il préfère bien sûr la Côte d'Ivoire ou le Québec mais les Ardennes, ce n'est pas mal non plus.

- S'il est d'accord.

J'ai lu une forme de déception sur son visage. « Quoi, tu me laisses tomber ? ». J'ai souri pour le rassurer. J'ai appris cela de Danny. Ses mimiques sont tellement expressives qu'elles parlent d'elles-mêmes. Ici j'ai dit : « Mais non, gamin, tu sais que je t'aime bien mais il faut que tu grandisses. Je ne te laisse pas tout seul. Tu seras en bonne compagnie. »

C'est un devoir de parrain. Nous devons progressivement prendre des distances avec nos filleuls. Nous les avons couvés pendant deux, parfois trois ans. Il est maintenant temps pour eux de découvrir les chemins de l'autonomie. La maçonnerie est aussi éducative !

Par ailleurs, Bouillon est une bonne loge. Ils y sont aussi rigoureux qu'accueillants. Leur seul défaut est de prétendre qu'ils sont la plus vieille loge de Belgique, comme tant d'autres ! Petit vanité maçonnique… Je me demande si Jean-Pierre fera le coup du pique-nique.

Malgré ses airs d'être supérieur froid et distant, Jean-Pierre est un grand romantique. Il cherche l'amitié, la fraternité partout. Il est le grand quémandeur d'affection. Il est aussi très nostalgie du temps de la fondation de la loge. Il en parle tout le temps.

- Tu n'as pas connu Gérard. Un soir, nous étions partis à Bouillon….

Il commence à raconter, les yeux perdus dans ses souvenirs, son pique-nique avec Gérard, au retour de Bouillon, un soir d'automne. Ils avaient discuté toute la nuit, ne se lasse-t-il pas de ressasser. Il est tellement prenant, tellement ému que, lorsqu'il évoque le « bon vieux temps », je me surprends à penser que maintenant, ce n'est plus comme avant, que c'est moins bien, qu'il regrette une époque à jamais perdue, que nous ne sommes finalement que des succédanés d'un passé merveilleux.

- Ce Gérard, qu'est-il devenu ? J'ai bien lu son nom sur la liste des Frères mais je ne l'ai jamais vu.

Cette question le dérange, manifestement. Je peux décrire sa réaction avec précision : je l'ai observée à trois reprises. C'est toujours pareil. Lorsqu'il a terminé son récit, je lui pose ma question. Alors, son menton tombe, emportant son regard vers le sol. Quelques secondes de silence et puis il se met à parler, lentement, presque à murmurer.

- Oh, il y a eu un problème. Il avait une entreprise de travaux publics. A un moment, il a eu des démêlés avec la justice. On l'accusait d'avoir truqué un marché. Il espérait que la loge le soutiendrait et nous ne l'avons pas fait. Il s'est senti lâché, abandonné. Il nous en a voulu. Il a été blanchi mais nous ne l'avons plus jamais vu.

- Mais il continue à payer ses cotisations : j'ai vu les comptes.

- Juste pour pouvoir continuer l'Arche.

Les deux premières fois, je me suis arrêté là. La dernière fois, j'ai voulu aller plus loin parce qu'il y a des choses qui me hérissent.

- C'est moche que vous ne l'ayez pas aidé. Surtout avec ce qui s'est passé à Charleroi. Après coup, il a dû la trouver encore plus saumâtre !

- Ne parle pas de ce que tu ne connais pas !

- J'en connais assez pour me demander jusqu'où peut aller l'entraide maçonnique.

- L'intérêt de l'Ordre est supérieur.

- Jean-Pierre, tu arrêtes tout de suite. Tu sais bien que cela nous a coûté un essaimage.

- Bon, bon. Changeons de sujet. Tu m'énerves.

Chapitre 17. Fête de famille.

Tous les ans, nous avons notre fête de famille.
Il n'est pas mauvais que les femmes se
rencontrent et que les enfants fassent
connaissance.

Ma toute première fois, c'était à Rouveroy.
Sylvain y avait une propriété
impressionnante. Les tables et les tonnelles
étaient disséminées sur la pelouse. L'étang
nous séparait du château. Mes enfants
venaient chez « des copains à papa ». Tout le
monde a éclaté de rire quand Alexandre, du
haut de ses dix ans a sorti : « Papa, je ne
savais pas que j'avais tant de tontons ! »
Effectivement, les « Bonjour, mon frère »,
« Comment vas-tu mon frère », « Il fait beau
mon frère »... ont de quoi perturber les petits.

Jean-Pierre s'était affublé d'un abominable
Stetson orné de plumes du plus mauvais goût.
Souvenir d'une visite au Texas, paraît-il. Je
le voyais pour la première fois sous un jour
libéré, si j'ose dire. Jusque-là, il avait été un
guide, un donneur de leçons, un initiateur.
Là, je le découvrais comme un homme. Il se
lâchait. Il n'était ni sentencieux ni même
sérieux. On aurait dit qu'il avait ouvert la

soupape… étrange : le contraste était trop fort. C'était presque outrancier. David lui-même me l'avait fait remarquer : « Il peut bien te donner des leçons à la maison. Ici, il devrait retourner à l'école ».

Il y en a eu quantité d'autres, des fêtes de famille. Chez Alain, par exemple. Là aussi, grand jardin, tables et tonnelles. Barbecue. Christian était déchaîné. Il grillait saucisses et cuisses de poulet au pied de la terrasse, torse nu. Quoi de plus normal en plein été ? Oui mais… ça changeait du smoking et du comportement réservé. Il n'était plus tout à fait un Maçon : il n'était qu'humain. Etrange impression.

Cette fois-là, tous les compagnons et apprentis s'étaient retrouvés ensemble à l'ombre sous les arbres. Nous étions tous couchés dans l'herbe à philosopher. Normalement, en de telles circonstances, nous aurions dû rigoler, parler de voyages, de business. Non. Nous parlions de la mort, du hasard et du destin. Hallucinant ! Je retrouvais mes dix-huit ans. Je refaisais le monde avec mes potes. Le plus jeune d'entre nous avait quarante ans, cependant. Cure de jouvence ou infantilisation ? Naïveté ou questionnement existentiel ? Crise de la quarantaine partagée ? Peu importe, c'était bon.

Ces quelques heures passées à livrer le plus profond de soi étaient magiques. Je me rappelle très bien que, couché dans l'herbe, torse nu, je creusais mon nid dans cette pelouse trop irrégulière à mon goût. Mon pied droit cueillait des brins d'herbe tandis que j'observais les mouvements de mes orteils gauches, jambe repliée. J'avais une tige de blé en bouche. Je ne sais où j'étais allé la piquer. On était tous là, bien, ensemble, soudés. Nous avons ri, soupiré. Rien que du bonheur, du plaisir, de la plénitude. Nous nous étions baptisés « les frères du dessous de l'arbre » par opposition aux « maîtres très sérieux du haut de la pelouse ». Dérisoire et précurseur... Puis Danny et le grand Pierre étaient venus nous chercher.

L'année suivante, c'était la troisième fête de famille à laquelle j'assistais, la fête avait lieu au même endroit. J'y étais venu seul : c'était la période noire. J'avais bu un peu trop. Même guilleret, pourtant, j'ai la faculté de retenir ce qui se dit autour de moi. Une fois de plus, j'avais été très caustique. J'avais questionné un grand officier, un de plus, sur

« la position de l'Ordre face aux femmes » :
sic. Il n'avait que peu apprécié... Il s'était
alors adressé à Alain.

- Il est chez toi, ce type ?

- Oui, pourquoi ?

- Pour le moins provocateur. Je n'aime pas
du tout.

- Que veux-tu ? Il y a eu le séisme... Il fallait
bien refaire le nombre !

- Et vous en avez beaucoup comme ça ?

- On fera le tri plus tard. Tu sais bien
comment ça marche...

Ils croyaient vraiment que je m'étais assoupi.
Le réveil a été douloureux. Quelle
désillusion. Je croyais en Alain. Je me serais
coupé en quatre pour lui. Je l'aurais défendu
comme j'avais protégé Elyse. Quelle
tristesse, quelle déception. Mais il faut faire
avec. Son attitude était probablement dictée
par la position hiérarchique de ce personnage.
Il ne fallait pas vexer les huiles, dans l'intérêt
supérieur de l'Ordre en général et de notre

atelier en particulier… Dorénavant, j'essaierai d'éviter les questions dérangeantes et, si je les pose, je le ferai en pleine possession de mes moyens.

Maintenant, rassurez-vous. Les fêtes de famille sont plaisantes. Autrement, nous n'y assisterions pas. Il fut même un temps où je programmais mes vacances en fonction de cette date. C'est dire !

Puis, il y a eu les événements…

Tout a commencé il y a deux ans, chez Danny. René avait amené sa femme, Marie-Victoire. Rien que de très normal. Elle était la dernière arrivée et, très naturellement, tout le monde s'est empressé autour d'elle, les femmes comme les frères.

- Bonjour, comment vas-tu ? Moi, c'est untel, unetelle, etc

Pendant l'apéro, tout se passait normalement. Des groupes se formaient tant par affinités que par hasard. Tout était mouvant, léger, plaisant. J'étais occupé avec Charles et Danny près du barbecue. Je coupais du petit bois. Doudou était avec Sophie, Maria-Gracia et Joëlle. Jannique et Géraldine discutaient avec Monique. Tout allait bien : elles ne nous reprocheraient pas de les avoir abandonnées. Il était vrai qu'elles se voyaient assez souvent hors nos activités de loge. Les unes étaient sœurs ; les autres faisaient occasionnellement des sorties ensemble. La dernière en date était une journée de spa avec massages, bains de chocolat et autres joyeusetés. Elles avaient unanimement adoré. Pourquoi pas ?

Malgré cette apparente superficialité, liée à l'ambiance décontractée, elles étaient parfois surprenantes de gravité. Un peu à l'écart, elles parlaient de mixité en loge. Géraldine avait lancé la conversation. L'air de rien, j'écoutais…

- Il est tout de même dommage que je ne puisse pas assister à une tenue dans la loge de Danny. Je suis pourtant Vénérable comme lui au Droit Humain et ces diables d'interdits nous gâchent le plaisir de partager nos rituels.

- Tu réagis comme ça parce que ton obédience est mixte, intervient Monique. Chez nous, il n'y a que des femmes, et je te garantis que les mâles ne sont pas les bienvenus.

- Ah ça, poursuit Doudou, tu peux le dire.
C'était un samedi. La veille, Olivier avait
oublié sa valise dans la loge. Jean-Pierre lui
en avait donné les clés pour qu'il puisse la
récupérer. A son arrivée, la porte blindée était
fermée. Pour lui, il n'y avait donc personne.
Il ouvre, passe le sas, entre dans le lobby. A
ce moment-là, m'a-t-il raconté, c'était comme
si un monstre était entré dans un gynécée. Ce
n'était que cris et bras levés. « Un homme,
un homme ! ». Elles s'étaient enfuies dans la
salle humide, comme un vol de corbeaux
craignant l'épervier. Une sœur, en toge et
cheveux noirs, s'était avancée vers lui. « Que
faites-vous ici ? ». Devant cet accueil si
charmant, il n'avait pu que balbutier, montrer
sa valise du doigt, la prendre maladroitement
et tourner les talons. Il était complètement
stupéfait.

- C'est peut-être un peu exagéré, je pense.
Les choses évoluent lentement mais elles
évoluent, en tous cas entre loges humanistes.
Par contre, pour nos hommes, c'est le refus
catégorique de Londres.

- Ils ne craignent pas la contradiction, reprend
Géraldine. L'Angleterre est pourtant dirigée
par une Reine !

- Je vais peut-être vous choquer, dit Doudou. Je trouve que cette conception sexiste est inadmissible. Pour des gens qui se prétendent supérieurs, éclairés et je ne sais tout quoi encore, ils se comportent à l'égard des femmes comme au moyen-âge. Même pire, c'est comme s'ils niaient notre capacité à exister, à réfléchir, à agir ; comme si nous leur étions inférieures. Je ne comprends pas comment Olivier peut accepter ça, finalement.

- Ils sont tout simplement pris au piège, lance Jannique. Voyez mon Charles. Il n'y a pas plus « British minded ». Il ne peut même pas imaginer de Maçonnerie autre qu'anglo-saxonne. Pour son boulot, c'est sûr, mais par conviction aussi. Entre le Gadlu et les femmes, il a fait son choix. En plus, entre nous, ça me rassure de le savoir dans un cercle exclusivement masculin : mieux vaut éviter aux mâles des tentations inutiles.

- A ce compte-là, reprend Doudou, on n'a qu'à leur mettre des œillères, à nos maris, ou mieux, un voile : c'est plus d'actualité.

Elle poursuit, ironiquement :

- Pour éviter à nos hommes toute tentation, cachons-les au regard des femmes.
Messieurs, le niqab nouveau est arrivé ! Il n'y a plus qu'à l'essayer !

- Tu délires, Doudou. Géraldine se fait soudain sentencieuse. Il y a là une vraie question et on ne peut plus en rire. Comment peux-tu accepter qu'aujourd'hui, au vingt-et-unième siècle, des hommes puissent encore refuser aux femmes l'accès à la Maçonnerie ? Tu trouves ça normal, toi ? Il n'y a plus que les Réguliers qui soutiennent cette position hyperconservatrice. Toutes les autres obédiences nous acceptent. Eux veulent nous nier, nous humilier, nous cacher. C'est à nous, Doudou, qu'ils mettent le voile !

La Régularité serait-elle le niqab de la Maçonnerie ? questionne-t-elle d'un air narquois. Ce serait un bon slogan de campagne…

- Oui, ce serait un bon slogan de campagne !

Naturellement, elles tournent toutes leur regard vers Monique. Son aura est tel qu'on attend toujours quelque chose d'elle : une conclusion, un avis posé. Une fois de plus, elle joue son rôle.

Au risque d'une comparaison hasardeuse, je dirais que les Réguliers sont à la Maçonnerie ce que les moines sont aux Chrétiens. Michaël a quitté le Grand Orient pour les rejoindre parce qu'il avait besoin de plus de spiritualité et qu'il ne voulait plus se mêler des affaires du siècle. C'était un repli, en quelque sorte. Je le respecte. Cependant, autant les moines sont retirés dans leurs monastères, autant les séculiers ont investi le monde profane. Par contre, les Réguliers sont exclusivement suspendus dans une espèce de bulle intemporelle, hors le monde. Ils ne le voient pas ou refusent de le voir évoluer au nom de la Tradition, des Us et Coutumes. C'est ça que je n'admets pas. Leur négation des femmes vient de cet aveuglement volontaire ou consenti.

- Tu as une idée pour les faire changer ?

- Les femmes ont gagné de nombreuses batailles depuis les suffragettes. Même le Rotary a dû nous ouvrir ses rangs. Yaka… si vous le jugez utile. Moi, désormais, je m'occupe de mon jardin et de mon ours de mari.

*
* *

Pourrions-nous le nier ? Nous sommes un
rien macho. Tout occupés que nous sommes
à assumer notre virile tâche d'allumeurs de
barbecue, nous passons évidemment la
nouvelle venue, Marie-Victoire, au crible de
notre critique. Nous sommes unanimes :
pauvre René ! Nous comprenons mieux
maintenant comment il ne rentre jamais du
boulot avant une heure du matin.

Elle est petite. Toute en cheveux noirs
piteusement ondulés. Ses yeux, au reflet
métallique incertain, lui font un regard
glauque. Son nez est acéré, comme le timbre
d'une voix aussi haut perchée que ses jambes
sont courtes. Son rouge à lèvres éclatant ne
parvient pas à cerner une vague bouche qui
s'évanouit sous des joues flasques. Poitrine
et croupe ruissellent vers des jambes arquées
aux chevilles épaisses.

Je fends une planchette, machinalement.
Soudain, je ne sais pas pourquoi, je tressaille.
Le fer de la hachette frôle mon index gauche.
Cette voix ! Je connais cette voix... mais
d'où ? Je me redresse pour mieux la voir. J'ai
beau examiner cette pauvre Marie-Victoire

sous toutes les coutures, je ne la situe pas.
D'où me vient alors ce brusque ressentiment,
ce goût de cendres froides, cette angoisse
aussi soudaine qu'incompréhensible ?

Elle sourit comme à la parade. Elle doit se
trouver irrésistible. Je la vois bien en dame
patronnesse s'occupant, avec ostentation,
d'une quelconque œuvre de bienfaisance.
Nous la voyons papillonner de groupe en
groupe mais on pourrait la suivre en aveugle,
rien qu'à la voix. C'est à chaque fois la
même chose. Elle s'invite dans un cercle,
écoute, fait l'une ou l'autre remarque qu'elle
croit spirituelle, éclate d'un rire forcé qu'elle
feint d'étouffer de la main.

Bonjour, Mesdames. Je viens me joindre à
vous. J'ai fait mon petit tour et franchement,
je pense que c'est avec vous que je me
sentirai le mieux. Ah, je me réjouis de passer
cet après-midi en votre compagnie. Mon
mari m'a tellement parlé de vous que je
meurs d'envie de mieux vous connaître.

Monique n'est pas femme à se laisser
impressionner. Ses septante ans et son vingt-
huitième degré lui donnent un aplomb et une
prestance unanimement respectés. Ces Frères
et Sœurs, qui ont fait ce long chemin en loge

de Perfectionnement ont quelque chose en plus. Ils sont différents. Ils rayonnent.

- Vous êtes ? demande-t-elle sur un ton faussement distrait.

- Marie-Victoire, la femme de René.

- Ah ? René ?

Géraldine intervient. Elle prend le relais. Entre sœurs, la connivence est réelle.

- Mais oui, René. Le nouvel apprenti ! Tu sais bien : on en a parlé la semaine dernière : le commercial prévenant... C'est chez lui que Bertrand a fait sa première enquête.

- Ah, oui. Où avais-je la tête ? poursuit-elle sur un ton faussement embarrassé. C'est la première fois que vous venez. Vous verrez, avec le temps, vous allez sûrement vous faire plein d'amies. Parlez-nous donc un peu de vous : cela nous intéresse.

Elle avait gardé le vouvoiement. Cela ne se fait jamais entre nous. A priori, le tutoiement est de règle...

- Que voulez-vous savoir, dites-moi ?

- Mais tout, très chère. Tout. Racontez-nous d'où vous venez, ce que vous faites… Parlez-nous comme à des amies. Nous sommes suspendues à vos lèvres.

Ce fut, paraît-il, un grand moment. Monique raconte toujours l'intelligence intuitive de cette femme qui avait immédiatement senti un piège. Evoquer l'enquête de Bertrand, d'entrée de jeu, avait été une erreur. Elle avait compris !

Pendant ce temps, je préparais la grillade. Charles lançait déjà les pistes de son prochain vénéralat. Il le placerait sous le signe de l'Angleterre. Depuis quelques temps, il était membre d'une loge londonienne. Great Queen Street et son imposant vaisseau de pierre grise lui était devenus aussi familiers que notre discrète loge hennuyère. Là-bas cependant, il n'avait pas à se cacher : la maçonnerie y a pignon sur rue.

Pierre l'avait précédé dans l'aventure. A son accession au vénéralat, il avait dû présenter sa bannière à la loge. C'est une coutume britannique : chaque nouveau vénérable crée ses armes. Il y avait fait figurer le profil d'un sein. Shocking ! En tant que chirurgien esthétique, leur expliqua-t-il, je n'ai fait qu'évoquer mon métier. Il paraît que cela a jeté comme un froid : le tunnel sous la Manche n'a pas résolu tous les problèmes de mentalité. Les Frères anglais sont néanmoins venus à Bruxelles, sans rancune. Pierre avait invité une loge parisienne du même nom. Nous préparions ainsi la création de notre tripode : Bruxelles, Paris, Londres.

Au programme de l'année, il faudrait aussi prévoir un voyage. Nous en faisons un presque tous les ans. Avant que je ne sois initié, ils avaient passé un week-end au Mont-Saint-Bertrand. Une tenue avait été célébrée dans la crypte de l'abbaye. Par quel biais avaient-ils pu établir ce contact ? Je l'ignore. Les Anciens ont leurs secrets qu'ils ne divulguent pas. Ils ont parfois de ces coquetteries de vieilles jeunes filles...

Pour l'année prochaine, j'ai proposé, évidemment, une sortie dans l'Hérault. Je voyais très bien une tenue avec les Frères de Bédarieux. Dans une grotte. ! Il en est de somptueuses dans la région. Il y aurait une partie festive, probablement, avec quelques visites de caves.

Xavier, qui nous avait rejoints, suggérait
Perpignan. Michaël proposait la loge numéro
Un, Mary's Chapel, à Edimbourg. Il y avait
des contacts, prétendait-il. Il faudrait se
renseigner sur les possibilités… Les Ecossais
sont très sollicités.

- Avec tout ça, les gars, nous avons
abandonné nos femmes… Il serait peut-être
temps de les rejoindre.

- Attends encore deux minutes. Tout se passe
bien. Regarde, ça caquette de tous les côtés.

- Non, j'y vais. Allez, à tantôt !

Xavier m'emboîte le pas.

- Comment va ma petite chérie ?

- Ca va, ca va.
- Tu es sûre ? Tu as l'air tracassée.

Mais non, ne t'inquiète pas. Tout va bien.

Je regarde Sophie qui cligne brièvement des
yeux d'un air entendu.

- Que s'est-il passé ?

Elle me désigne le groupe de Marie-Victoire d'un discret mouvement de menton.
Mystère…

- Je pense qu'il va falloir bientôt penser à prendre place. Si on veut être ensemble, il ne faudrait pas trop tarder.

Imperceptiblement, les invités se dirigent vers les tables. En réalité, ils se déplacent constamment. Le grand spécialiste ce papillonnage est notre Frère Geoffrey. Ce quadragénaire à l'allure décontractée vit essentiellement dans les anciens pays de l'Est. Il y a plusieurs usines de constructions métalliques. Mi-Dirk Frimout, mi-Tournesol, il affiche une allure faussement désinvolte. Maçon de la première heure malgré son jeune âge, il joue, je pense, un rôle discret dans l'organisation des nouvelles loges d'Europe orientale.

Après la chute du mur, la lutte pour la reconnaissance en Régularité a été rude. Il n'y fait que des allusions. Il est cependant clair qu'il est très bien informé des réalités de terrain. Je me suis même demandé si ses activités professionnelles n'étaient pas qu'un prétexte. Serait-il un envoyé occulte des autorités maçonniques londoniennes ? Serait-il chargé d'évaluer la qualité des pratiques et de faire rapport. Le poids de ses avis expliquerait-il la facilité avec laquelle il entre dans les ministères tchèques, hongrois ou polonais ? Arpente-il les couloirs des palais présidentiels pour ses affaires ou pour le compte de l'Ordre ?

- La semaine dernière, j'étais chez le chef de Cabinet du Ministre de Affaires étrangères de… Ah, si tu savais. J'étais invité au cocktail du Président … J'y ai bu un de ces champagnes ! La femme du Ministre de l'Intérieur est super sympa. Si tu viens un jour chez moi, je te la présenterai. Elle adore rigoler. On passe parfois de ces soirées…

- Bien sûr, mon Frère. Je viendrai même en C1. Je pourrai facilement la garer dans la cour du Palais !

Il me tape alors un coup sur l'épaule et éclate de rire.

- Mais si, mais si. Tu verras. Il faut venir.

- Et pourquoi pas avec la loge ? Avec Danny et Charles, on cherche une destination de voyage.

- C'est un peu tôt. Il faut encore du temps pour que les mentalités, là-bas, se posent. Ils sont vraiment à cran. La reconnaissance par Londres, c'est pour eux la clé du monde. Tu imagines les enjeux pour ces gens qui viennent de l'enfer ? L'Occident, l'Amérique restent mythiques. Ils sont à portée de leurs mains. Ils sont prêts à tout pour y accéder.

- A titre individuel, j'avoue que cela me tente bien. Maintenant, je me vois mal partir sans Doudou. Je préfère qu'elle m'accompagne. Il faudra lui trouver des distractions pendant que nous serons partis. Pourquoi pas, après tout ? Je lui en parlerai.

- Génial. Un petit verre, alors ?

- De ton rosé infâme ? Tu veux me faire mourir ? C'est du vitriol.

- Cette année est un très bon cru.

- J'ai déjà deux ulcères à l'œsophage. Tu veux m'achever ?

C'est pareil tous les ans. Il ramène toujours son abominable vinasse pour la fête de famille. Il trouve ça drôle !

- Dis-moi, Geoffrey, toi qui vois tout, tu n'as rien remarqué de particulier ? J'ai un sentiment étrange. Doudou et Sophie ont l'air préoccupées.

- J'ai vu aussi. D'après ce que j'ai pu comprendre, la nouvelle… Comment l'appelles-tu déjà ?

- Marie-Victoire.

- Oui. Marie-Victoire a fait un peu trop de son nez et Monique l'a remise à place. Elle est partie, vexée et Sophie a voulu la raisonner. Alors, et personne n'a rien compris, elle l'a fixée droit dans les yeux et lui a dit :

- Toi, la sainte Nitouche, je ne veux pas te parler. Tu crois que c'est parce que tu as une belle petite gueule d'amour que ton mari est devenu compagnon avant le mien ? Ca ne se passera pas comme ça. Tu vas voir de quel bois je me chauffe.

Alors, Doudou est intervenue.

- Qu'est-ce que c'est que cette histoire ? Tu débarques à peine et tu fais déjà scandale ? Il n'y a jamais eu de disputes ici. Ce n'est pas toi qui va commencer. Et d'abord, excuse-toi.

Elle est devenue mauve, verte, écarlate. Ses joues ont failli éclater sous la pression des horreurs que, manifestement, elle retenait dans un dernier effort de contenance. Elle a juste lâché un « Je me vengerai » et a tourné le dos à l'assistance consternée, bras aux hanches et cheveux ébouriffés balancés au rythme d'un pas saccadé.

François-Xavier et Danny ont essayé de la rattraper, en vain. René est resté planté là, comme un pion. Christian l'a raccompagné chez lui. Quelle histoire !

Je prends Doudou par les hanches, comme pour la rassurer. Nous sommes, comme tout le monde, consternés.

- Je n'y comprends rien. Il y a à peine cinq minutes, on vous regardait de loin. Tout allait bien.

-Eh oui, c'est la vie.

Cette histoire a laissé des traces. René n'y a rien gagné. Il aurait dû comprendre pourquoi il n'était pas monté, l'an dernier. Pour nous, c'était un signe clair. Nous voulions une réaction, qu'il soit lui-même et non un larbin obséquieux. Il n'avait pas changé d'un iota.

Par contre, il avait réussi à aggraver son cas. N'avait-il pas jugé intelligent d'aller se plaindre chez François-Xavier de la « discrimination » dont il faisait l'objet et cela, sans même en toucher un seul mot à Charles, pourtant son ami, son Vénérable ? Ne voyait-il pas que la Maçonnerie est éminemment hiérarchique et qu'il faut respecter tant les usages que les préséances faute de quoi on se fait saquer ? Vraiment, ce type était indécrottable et je regrettais de ne pas avoir voté d'une boule noire, après le passage sous le bandeau.

A sa décharge, nous avions pu assister au spectacle de la tyrannie qu'il vivait au quotidien. Cette Marie-Victoire lui mangeait la vie. S'il n'avait manifesté si peu de fierté, j'aurais sans doute eu quelque compassion pour lui. Là, il était vraiment trop loin, trop bas, hors d'atteinte. Il devrait agir seul, s'il en trouvait la force !

Sans vraiment le vouloir, ce pauvre René s'était retrouvé au cœur d'une polémique qui le dépassait. Insensiblement, les uns et les autres se sont positionnés. Les Anciens reprochaient à notre commission de ne pas avoir su prévoir et gérer cette crise ; nous ne pouvions accepter que l'on s'immisce dans nos décisions, qu'ils tentent systématiquement de nous contrôler voire de nous contrecarrer. Ce n'était pas encore la Querelle des Anciens et des Modernes, mais on en approchait…

Chapitre 18. Bangor

Nous étions, comme tous les mois, en COD. Il n'y avait rien de tragique, cette fois, à l'ordre du jour. Seule la question du voyage annuel nous embêtait : nous ne parvenions pas à nous décider. Sylvain s'était invité mais personne ne lui en avait fait le reproche. S'il y a bien un Frère qui fait l'unanimité, c'était lui.

- Les gars, il y a trois mois que l'on tergiverse pour choisir une destination de voyage et rien n'est décidé. Je ne critique personne mais ça commence à râler sur les colonnes, croyez-moi. Nous n'avons pas besoin de ça. J'ai une opportunité à vous proposer. Pour faire bref, Michaël est en contact avec la loge de Belfast. Nous pouvons y être accueillis en novembre. Apparemment, d'autres loges y seraient invitées. Pour aller plus loin, nous avons besoin de votre accord.

Nous nous regardons tous, un peu surpris, un peu vexés peut-être que l'on nous coupe ainsi l'herbe sous le pied. Mais c'était Sylvain. Il avait l'art de présenter les choses. A l'entendre, il nous demandait de lui rendre service. Nous connaissions suffisamment le personnage pour savoir qu'il nous apportait son soutien pour resserrer les rangs dans notre loge : tout le monde le suivrait !

- Le mois dernier, Michaël donnait une conférence sur les origines historiques de la Maçonnerie à New-York. Ces Ricains ne connaissent rien à l'Europe mais ils s'en méfient, par principe.
- Après mon intervention, avait expliqué Michaël, un Frère américain a de nouveau émis des doutes quant à l'orthodoxie des loges régulières européennes. Je n'ai pas pu garder mon sang-froid, d'autant que c'était un jeune morveux qui n'avait encore rien vécu ! Je l'ai fixé droit dans les yeux, certainement pendant trente longues secondes. Le silence s'est fait de plomb. « Qui pensez-vous être pour oser me poser ce genre de question, jeune homme ? Où étiez-vous quand je me battais contre les Allemands au-dessus de la Manche ? Que faisiez-vous lors de la bataille de Londres ? Moi, j'y étais, avec des Frères belges, français, espagnols, polonais… Nous nous battions pour défendre l'Europe et ceux d'entre nous qui n'avaient pas pu s'échapper. Pensez-vous que je m'inquiétais de savoir si mon mitrailleur était juif, maçon régulier ou non ? Pensez-vous que la Gestapo, lorsqu'elle défonçait une porte, en pleine nuit,

faisait la distinction entre Maçons réguliers ou non ? Alors, taisez-vous ! Vous ne savez même pas de quoi vous parlez ! ».

Au bord de la crise d'apoplexie au spectacle du sourire narquois de ce blanc bec, il avait poursuivi :

- Oui, j'ai fait la guerre aux côtés des Alliés, de votre père, peut-être. Oui, j'ai été un des membres fondateurs de l'obédience régulière en Belgique, et j'en suis fier. Nous entretenons les meilleurs rapports avec tous les Frères étrangers installés chez nous, avec Londres et avec votre pays. Nous avons bâti une relation fondée sur le respect mutuel, sur la fraternité du sang. Je ne permettrai pas que de jeunes impertinents incultes ou amnésiques comme vous viennent détruire l'harmonie que nous avons créée. L'Europe n'est pas une terre conquise. Elle n'est pas une colonie. Nous sommes alliés et égaux. Etes-vous capable de comprendre cela ?

Ce fut la dernière question de la soirée : Michaël avait frappé fort. Son prestige international le lui avait permis. N'empêche, cette sortie témoignait d'un climat de suspicion assez répandu dans le monde anglo-saxon. C'en était parfois irritant...

- Quel est le lien entre New-York et Belfast ?
questionne le Véné.

- Juste. Nous avons beaucoup réfléchi. Il est
inconcevable que nous nous déplacions tous à
New-York, ne serait-ce que pour une question
de budget. Faire une conférence sur la pureté
de notre orthodoxie est parfaitement
inconcevable. Elle aurait tout d'une apologie
des pratiques maçonniques européennes :
nous n'avons pas à nous justifier ! Par
chance, le Provincial de la Grande Loge
d'Irlande du Nord était présent. Il nous a
proposé de faire une tenue chez eux, dans leur
propre temple à Bangor.

- Une tenue au rite français moderne dans un
temple d'Irlande du Nord avec l'Amérique,
l'Irlande, la Grande-Bretagne en invités ?
Houaa... C'est tentant !

- Tu crois que Michaël acceptera de renoncer
à sa conférence ?

- Ce n'est qu'une question de programme.
On peut très bien faire les deux. Qu'en
pensez-vous ?

*

* *

South Brussels Airport. Coup de génie marketing pour la ville de Charleroi. Rançon du succès : à peine agrandi, l'aéroport est déjà trop petit. Nous devons décoller à seize heures. A quatorze heures, tout le monde est dans le hall. Doudou m'a amené. C'est la première fois que je pars sans elle. Expérience étonnante. Il faut croire que ma loge compte vraiment beaucoup pour que j'abandonne mon nouvel amour pour deux nuits. C'est parti !

A l'enregistrement des bagages, je commence fort. Un immense doute me traverse l'esprit. Ai-je pris mes décors ? Il faut que je vérifie. En essayant d'ouvrir précipitamment ma valise, je parviens à me couper le pouce sur trois bons centimètres. Le sang gicle partout. Il y en a sur le sol, sur les pantalons des voisins. Mes mains sont complètement maculées. C'est le délire. Le remue-ménage que je provoque attire la Sécurité. On m'embarque pour me soigner. Jean-Pierre prend mon bagage. Je le vois frotter frénétiquement la poignée à grands renforts de Kleenex. Doudou rit ! Elle est pliée en quatre.

- Tu vois, Mamour, c'est que tu ne devais pas partir sans moi !

Heureusement que nous étions bien en avance. Cinq points de suture plus tard, nous prenons nos places dans l'avion. Nous sommes un peu disséminés dans l'appareil. Mon voisin a besoin de parler. Il m'explique qu'il travaille pour une société informatique à Charleroi et qu'il ne rentre chez lui que le week-end. Il est d'un enthousiasme délirant pour son pays, pour Dublin, sa ville natale. Il parle vite. J'ai parfois un peu de mal à le suivre. Lorsque l'avion vire sur l'aile, à l'approche de l'atterrissage, je le vois s'enflammer.

- Regarde, me dit-il. C'est là que j'habite. Tu vois le quartier à la pointe de la baie ?
Je lui fais bien sûr un « Yes » tout à fait convaincu. Il ne fait même pas semblant de me croire : il est déjà chez lui.

*
* *

Jean-Pierre est un peu bougon. Il n'a pas apprécié qu'on l'oblige à enlever ses chaussures au contrôle de douane, surtout que ses chaussettes sont trouées. Sylvain joue son

G. O. , Charles soigne son look de gentleman, Christian joue avec Pierre. Ils ont commandé deux whiskies. On les leur sert en sachets plastiques… Ils sont hilares ! Xavier et René sont assis côte à côte. Il se passe quelque chose. Attendons. René aurait-il enfin commencé à comprendre ? La patience, toujours la patience peut produire des miracles ! Michaël relit le texte de sa conférence. Bertrand dessine des nuages sur son calepin. Lucien est plongé dans ses pensées. Silencieux. Il sera mon compagnon de chambre, ce week-end. J'en suis vraiment heureux. Je vais enfin pouvoir discuter avec lui comme avec un homme, comme avec un Frère, plus que comme avec un thérapeute. C'est chez lui que je vais, depuis des années, me faire soigner par magnétisme. Il rééquilibre mes énergies. Ses traitements avaient réussi, au tout début de l'épisode du crabe, à nécroser un ganglion, au grand étonnement des médecins.

Il a une approche des choses très différente de la norme. J'aime beaucoup sa manière de voir. « Ton corps te parle. Ecoute-le ». Il n'y a qu'en Maçonnerie que j'aie pu rencontrer des personnages aussi particuliers, aussi exceptionnels. C'est un des charmes de cet univers. La singularité y est presque une norme. Ceci me fait penser à Freddy, mon professeur de mathématiques en classe de Rhétorique. Quand je lui avais confessé mon appartenance à l'Ordre, il en était resté pantois.

- Comment quelqu'un comme toi, que j'ai toujours connu révolté, a-t-il pu entrer, et apparemment se sentir bien, dans une structure aussi rigide, hiérarchique, quasiment militaire ?

Je n'ai pas pu lui répondre sur l'instant. J'y ai beaucoup pensé, ensuite. La Maçonnerie, probablement plus que tout autre quête initiatique, fait réfléchir énormément, sans doute parce qu'elle ne donne aucune solution, qu'elle ne se réfère à aucune doctrine. La vérité est en soi ; la chercher donne les clés de la liberté.

Freddy avait vu juste. J'ai vraiment eu beaucoup de problèmes avec cette hiérarchie. Par principe, je n'aime pas. Je déteste ce système où chacun tente de s'élever pour briller, pour dominer et juger. Ca ne m'intéresse pas ! Je préfère rayonner d'où je suis. Cela me rend heureux. A quoi bon grimper à des cordes de singes ? Une fois cela compris, la vanité de l'ambition

225

disparaît ; n'en reste que l'aspect constructif. On peut alors être soi et heureux là où on est. Peut-être le destin fera-t-il que l'on nous appelle. C'est alors porté par les autres et non aspiré par l'égoïsme que l'on s'élève. La démarche est saine.

Dans notre loge, nous serons fort probablement tous Véné, un jour. Ce n'est pas un but en soi ; ce n'est surtout pas une récompense ; ce n'est pas toujours un choix ; c'est une œuvre de rayonnement. Elle échappe au registre du pouvoir…

*

* *

Dublin, enfin. Nous embarquons dans un car. Je l'avais complètement oublié : l'Ulster est en Grande-Bretagne. Il y a une frontière. Sur le continent, nous n'en n'avons plus l'habitude. J'ai l'impression de me retrouver vingt ans plus tôt, lorsque je me rendais en Hongrie. C'étaient les mêmes barbelés, les mêmes postes de contrôle fortifiés, les mêmes soldats et douaniers armés, les mêmes visages fermés. Nous arrivions dans un pays en guerre. Je n'y avais pas pensé ! Tous, nous avons eu le même sentiment lorsque l'on nous a fait descendre du car pour l'inspecter.

La joie des gamins lâchés en liberté a fait place à la gravité. Le ton était donné.

Notre hôtel faisait face à la mer. Etions-nous attendus ? C'est vraiment la question que nous nous sommes posés. Le patron nous a amenés dans une espèce de salle des fêtes, aux moquettes usées, où étaient rassemblés, par grappes, des couples très vieille Angleterre, du moins dans les tenues vestimentaires. Etait-ce des Frères et leurs épouses ? La question des Sœurs ne se posait pas ici. Etait-ce des profanes ? L'orchestre et son « piper » étaient-ils là pour l'occasion ou était-ce une soirée normale ? Personne ne savait rien. Sylvain en était assez fâché. Finalement, nous nous sommes installés autour de deux grandes tables. Nous avons commandé des pintes de Guinness et autres produits locaux. On nous a apporté de superbes plateaux de sandwiches. Ouf, nous pouvions enfin manger. Sans trop savoir où nous étions, nous avons fini par entonner quelques chansons. L'ambiance s'est réchauffée, les sourires ont refleuri, la rencontre a enfin commencé.

Nous sommes des lève-tôt. A sept heures, Lucien et moi étions sur le port. J'avais mon petit canif. Comme par fétichisme, je suis

allé cueillir quelques patelles sur les rochers.
Je garderais les coquilles pour mon aquarium.
Lucien a fait de même. Nous nous sommes
même échangé une « bernique », puisqu'on
les appelle comme cela aussi. C'était un peu
boy scout mais, pourquoi pas ? C'est le
moment que j'ai choisi pour lui demander :

- Tu as vu qui était au bar, hier soir ?

- Non. Enfin, personne en particulier. Tout le
monde y est passé, je crois.

- Non, non. Il y avait quelqu'un que tu
connais très bien et qui n'est pas venu vers
toi.

- Je ne vois pas.

- François-Xavier est là.

- Zut alors, je ne l'ai pas vu. Ah, ça c'est
dommage. Si tu savais ce qu'on a vécu
ensemble. On est allé partout. Au Québec,
en Afrique… C'était super.

- Avec Jean-Pierre ?

- Parfois. Il n'était pas toujours là. Tu sais,
malgré tout, ces voyages coûtent cher. On a

des facilités par la loge, bien sûr, mais il reste tout de même un budget. On ne fait pas ça tous les jours. Allez, on rentre. C'est l'heure du petit déjeuner.

La salle à manger de l'hôtel est un peu sombre. La plupart des Frères sont déjà attablés. Certains ont l'air plus « fatigués » que d'autres. C'est l'air, sans doute... En ce qui me concerne, j'ai trouvé mon bonheur. La Guinness est tellement lourde que, après deux pintes, je ne peux plus ingurgiter quoi que ce soit. Le lendemain, pas de gueule de bois. Génial !

Lucien a filé entre les tables comme une truite entre les rochers d'un torrent.

- Olivier m'a dit que tu es là depuis hier soir et je ne t'ai même pas vu. Je ne savais pas que tu devais venir.

- Je me suis décidé vraiment très tard, répond François-Xavier. J'ai trouvé que, finalement, je me devais d'être présent.

- C'est super. Je peux m'installer à ta table ? Olivier est avec moi. On revient d'une ballade sur la côte.

- Prenez place, Messieurs.

Je suis un peu impressionné, je l'avoue.
Manger à la table du Vénérable Grand Maître
est quelque chose, même si Lucien ne le voit
pas du tout sous cet angle. Je me fais donc un
devoir de rester sur la réserve. Je vais les
écouter. A la table voisine, Xavier et René
sont encore ensemble. Décidément, ils ne se
quittent plus.

*

* *

Le programme est tellement chargé que la
conférence de Michaël est passée à la trappe.
C'est une vengeance, prétend-t-il. Ce matin,
répétition dans les locaux de la loge. Après-
midi, tenue et souper-conférence. Cette fois,
je prendrai la place du couvreur. Nous allons
nous donner en spectacle. C'est bizarre. Je
ne croyais pas que l'on puisse en arriver là.
Ne sommes-nous pas en train de jouer la
soumission ? Pourquoi François-Xavier est-il
arrivé inopinément ? Que fait-il avec
Geoffrey et ces deux Français de Prague qui
ont, eux aussi, débarqué comme des cheveux
dans la soupe ? De quoi discutent-ils si
âprement avec le Vénérable Grand Maître de
la Grande Loge Unie d'Angleterre ? Les

hautes sphères connaîtraient-elles quelques perturbations atmosphériques ? J'ai de plus en plus le sentiment que cette visite n'est qu'un prétexte à autre chose.

Notre tenue-exhibition s'est déroulée sans anicroche. Il n'y a ainsi rien à en dire. Les Frères britanniques ont fait semblant de s'y intéresser. Ils sont polis et patients. En soirée, une conférence fleuve sur la bataille de Gettysburg nous a fait découvrir comment des Frères, appartenant aux armées ennemies, s'étaient mutuellement épargnés grâce aux signes de ralliement. Passionnant ! Finalement, après le pamplemousse au chocolat, je suis parvenu à m'extirper de ce guet-apens avec Lucien. Retour hôtel. Au revoir smoking. Bonsoir mes jeans. La ville est à nous.

Nous entrons dans l'hôtel. Du couloir d'accès à nos chambres, nous percevons les accents d'une discussion très animée. Des éclats de voix violents percent un brouhaha impressionnant. Je ne peux m'empêcher de jeter un œil dans le salon d'où proviennent ces clameurs. La porte est entrebâillée. J'en aperçois quelques-uns, noyés dans un nuage de fumée de cigares. Il y a des Gallois, des Ecossais, des Anglais, le Provincial d'Irlande,

les Tchèques, Geoffrey, François-Xavier et
d'autres que je ne vois pas…

- Nous nous sommes passés des Français
pendant plus de cent ans, profère une voix
grave, nous pouvons très bien recommencer.
Ils ne sont indispensables à personne…

La porte se referme brusquement. J'ai dû être
remarqué. Qu'est-ce donc que cela ? Je
regarde Lucien, perplexe. Il hausse les
épaules.

- Laisse les grands jouer entre eux. Ce n'est
pas notre terrain !

*

* *

Le samedi soir, à Bangor, c'est quelque
chose. Ces Irlandais sont complètement
givrés. Ils boivent, hommes et femmes,
jeunes et vieux, comme des dingues. Ils
boivent pour boire, se déchaînent, se lâchent
sans aucune retenue. Mon image de la British
attitude en prend un sérieux coup. Je n'aime
pas cette vulgarité. Nous restons donc à
deux, au bar de l'hôtel. René et Xavier me
préoccupent. Qu'ils aient sympathisé est une
chose. Qu'ils fuient les autres en est une

autre. Or, il semble bien que ce soit le cas.
Ils n'ont même pas participé au souper. Que
se passe-t-il ?

- Je pense que René essaie d'avancer, entame
Lucien. Il cherche les réponses chez Xavier.
Il ne trouvera pas. Ils sont exactement
contraires. Quand tu regardes leurs femmes,
tu comprends tout. Xavier et Elyse
construisent ensemble. Ils ne font rien sans
l'avis de l'autre. Ils sont attentifs et avancent
côte à côte. René et Marie-Victoire sont des
rivaux. René doit prouver. Tant qu'il n'aura
pas compris qu'il est sur le mauvais chemin,
rien ne fonctionnera. Il a peur de sa femme.
Il est mort de trouille devant elle. Ce qu'il
cherche chez Xavier, ce sont les recettes pour
devenir Compagnon. Comment pourrait-il y
arriver s'il n'est pas lui-même ?

- Eh, doucement garçon. A t'entendre, il
devrait se débarrasser de sa femme pour être
un bon Maçon. Tu ne penses pas que tu
exagères un peu ? S'il vient chercher la
Lumière, il ne faut pas qu'elle l'aveugle. Nos
priorités sont bien claires : la famille, le
travail, la loge. Tu as oublié ?

- Tu es sûr de savoir ce que tu dis ? Qu'est-ce
que tu as fait, toi ? Et moi, et Luc, François-

233

Xavier, Christian, Didier, Bertrand, Jacques, Ignace, Juan, Jérôme ? Onze en dix ans. C'est pas de la statistique, ça ? Tu veux me faire croire qu'il n'y a pas de lien ?

- Ce que tu peux être cruel, parfois. Je ne sais pas ce qui s'est passé chez les autres mais il est vrai que chez moi, ça a été un catalyseur. Maintenant, le problème préexistait. C'est pour ça que je me retrouve un peu, même beaucoup en René. Finalement, ce n'est pas un mauvais bougre. Il est juste un peu lâche. Pourtant, je ne lui conseillerai jamais de tout envoyer en l'air.

- Qu'est-ce qu'on fait de Xavier ? Il ne faudrait pas le mettre en garde ? Je pense que René est en train de l'embobiner, comme il le fait d'ailleurs avec tout le monde.

- Je veux bien essayer mais j'ai l'impression qu'il me fuit. Clairement, il a trop bien compris la mission du compagnon : il s'est tellement envolé qu'il ne revient plus au nid.

- Ca t'étonne ?

- Ah ça, vraiment. C'est bien pire. J'en arrive à me demander si je n'ai pas commis quelqu'impair.

- Il serait bien temps de te poser la question !

- Qu'est-ce que tu veux dire ?

- Sophie !

- Quoi, Sophie ?

- Tu as déjà vu comme tu la regardes ? Tu crois qu'il est aveugle ? Tu le prends pour un idiot ? Et elle, elle te prend pour un dieu. Elle te mange, elle te dévore des yeux. Tout le monde se demande ce que tu lui as fait. Pour être clair, on se demande si elle n'est pas ta maîtresse.

- Tu es fou ? Tu me connais. J'ai Doudou. Je ne ferais jamais une chose pareille : j'ai donné.

- Figure-toi que c'est justement parce qu'on te connaît qu'on se pose la question. Je ne suis pas le seul. Et fais gaffe à René parce qu'il n'aura pas tes scrupules. Il va utiliser Xavier contre toi. Pour lui, toute la COD est responsable de sa déconvenue. Pour reconquérir Marie-Victoire, il faut qu'il gagne. Il veut se venger de la Commission…

Tu penses bien que pour certains Anciens,
c'est pain béni !

- Tu délires !

- Nous verrons bien. Allez, assez discutaillé.
Si on allait rejoindre les autres ? J'ai entendu
qu'ils allaient prendre un verre en ville.

*
* *

Chapitre 19. Back to the future.

Charleroi, le pays noir. La région est pourtant très verte, vue du ciel. J'ai l'impression qu'il y a un siècle que je suis parti. Il n'y a pourtant même pas septante-deux heures. Doudou doit venir nous reprendre, Xavier, Bertrand et moi. Nous sommes du même coin.

- Ne t'inquiète pas pour moi, Olivier. Je rentre avec René. Nous allons manger un bout avec les femmes, me lance Xavier.
- Ah. Je crois que Doudou a préparé le repas pour tout le monde à Forestaille.
- Non. Sophie a téléphoné.
- Très bien. Bonne soirée, alors !

Pourquoi ne m'a-t-il pas prévenu ? Je regarde Bertrand, perplexe. Il est aussi étonné que moi.

- Que se passe-t-il, dis-moi ? Ton filleul te boude ? Il ne t'a pas adressé la parole de tout le week-end.
- J'ai bien remarqué. Lucien m'a d'ailleurs fait la morale. Il paraît que je suis l'amant de Sophie.

Je le regarde fixement. Je lis en Bertrand comme dans un livre. Diable. Il est au courant. Je parie qu'il le pense aussi. Ce n'est pas possible. Il me connaît. Il connaît Doudou.

- C'est ce qui se dit. Je dois t'avouer que je ne sais plus très bien moi-même quoi penser. Quand tu es avec elle, on dirait que tu as vu le Saint-Esprit. Beaucoup pensent avoir compris.
- René en tête, je suppose.

- Exactement.

- Quel sale type ! Hier soir, j'étais encore en train de l'excuser. Je me rends compte maintenant que ce type veut ma peau. Je le prenais pour une victime. Bêtise. C'est l'acteur principal. Oh, le sale type ! Il va entendre parler de moi. Tu vas voir. Et je suppose que je ne suis pas sa seule victime ?

- Ce week-end, il était surtout avec Xavier. On ne sait pas de quoi il a pu parler. Il était aussi souvent avec François-Xavier et Jean-Pierre.

- Lucien m'a dit qu'il en voulait à toute la commission.

- C'est fort possible.

- Ah, voilà Doudou. On y va.

Je m'avance vers elle. J'ai hâte de la serrer dans mes bras. Elle m'a vraiment manqué. Vlan. Une gifle monumentale en plein visage. Dans le hall de l'aéroport, les voyageurs me regardent, bouches bées. Je porte la main à ma joue. Je ne comprends rien.

- C'est de la part de ta chérie, ta merveilleuse Sophie, la femme de ta vie. Tu crois que je suis aussi naïve que les autres. Tu ne m'auras pas, mon petit vieux !

Je suis complètement incapable de bouger. Je suis foudroyé. Bertrand est aussi étonné que moi.

- N'essaie pas de le protéger, toi. Je sais très bien ce qui s'est passé. Marie-Victoire m'a tout dit.
- Doudou. Arrête. Pas de scandale. Tu te trompes sur toute la ligne. Il n'y a jamais rien

eu et il n'y aura jamais rien. On rentre. Je
t'expliquerai en route. Bertrand conduira.

Stop. Je refais la séquence.

Je m'avance vers elle. J'ai hâte de la serrer
dans mes bras. Elle m'a vraiment manqué.
Dieu que c'est bon. J'adore la sentir. Cette
femme a quelque chose de magnifique. Sa
peau de rousse m'excite au dernier des points.
J'ai déjà envie de lui faire l'amour. Je sens
ses seins qui se compriment contre ma
poitrine, ses hanches et ces coussinets
d'amour que je saisis en la chevauchant. Je
l'embrasse à fond de gorge. Je vais exploser.
Ah, Doudou. Quelle femme !

Bertrand toussote.

- Si on y allait. Tout le monde nous regarde.
Je vais finir par être gêné.
Nous le regardons. Nous éclatons de rire,
tous les trois. C'est vrai que nous sommes
fous et sans gêne. Qu'importe ? Nous
sommes au-delà de tout cela. Nous ne devons
plaire à personne. Que les petits se choquent
et s'émeuvent : peu nous chaut !

Je prends le volant pour rentrer. Doudou
n'aime pas cette région. Les gens y

conduisent comme des fous. Elle a fait un superbe effort pour venir nous rechercher. J'attends sa question : « Pourquoi Xavier n'est-il pas avec vous ? » mais je pense qu'elle a déjà la réponse. Mon autre sens m'a encore prévenu.

Cela m'arrive parfois, et de plus en plus souvent, d'ailleurs. Le temps s'arrête. Les gens, les voitures, la grand-mère avec son toutou et la jeune maman avec son bébé, tout s'arrête. Je suis seul et je les regarde. Une fois, c'était à Soignies, sur le boulevard, en face de l'athénée. Ils me regardaient tous, crispés dans leurs mimiques du moment. Et je continuais ma route, gêné par leurs regards pénétrants. Ils me suivaient. Ils étaient blêmes et figés dans l'instant. Une autre fois, c'était sur la même route à l'approche du bois de Salmonsart. Vers huit heures, il y a souvent une jeune fille qui y attend le bus. Un lundi matin, j'ai eu l'impression qu'elle voulait me happer. C'était plus agressif que de coutume. Il faut bien le reconnaître, ces expériences étranges deviennent mon ordinaire. Peut-être ces moments sont-ils des appels.

A y réfléchir, la toute première fois, c'était à Baudour. J'enterrais Louis, mon père. David avait passé la nuit chez moi. Il avait préparé un texte pour son grand-père, un dernier adieu. Au moment prévu, le curé ne lui avait pas donné la parole. J'aurais dû intervenir. Je n'avais rien pu faire. Cette fois, c'était moi qui étais statufié. Je percevais les autres au ralenti. Leurs mouvements étaient lourds ; les sons, traînants. J'ai vu David se lever, me regarder avec indignation : « Tu aurais au moins pu intervenir » et se placer devant le cercueil. Il a lu son texte avec une émotion et une solennité que je ne lui avais jamais connue.

Comme cet enfant avait changé ! Sans doute devait-il prendre sa place.

*
* *

- Tu sais que je n'ai plus envie de disputer. J'ai fait ça tout ma vie avec mon premier mari. Nous allons donc parler sereinement : il y a un grave problème. Quelque chose ne va pas dans notre environnement. Il faut que tu m'expliques. A dire vrai, si je n'avais pas mon âge et mon expérience, à en croire les autres, je devrais te quitter. Mais je crois en toi. Explique-moi.

Un feu couvait dans la cheminée. Une bouteille de pétillant avait été mise en glace. Deux flûtes nous attendaient. Nous nous étions assis dans nos voltaires, face aux braises. Doudou avait fait le service. Elle voulait me rassurer. Je la regardais paisiblement. Je savais déjà que le noir avait tenté de l'atteindre. J'étais quant à moi parfaitement limpide. Il fallait simplement que je l'apaise.

- De quoi veux-tu parler?
- Il ne s'est rien passé de particulier pendant ton séjour en Irlande?

Je me tais d'abord. Quelques secondes seulement et je la regarde. Je souris. Ce n'est même pas narquois. C'est plutôt du style « Bon sang de bonsoir, comment fais-tu pour tout deviner ? »

- Poser la question, c'est y répondre. Oui, évidemment. Il y a un gros problème avec Xavier. Je pense que René est en train de le manipuler contre moi, contre tous les membres du comité, d'ailleurs. Il n'a pas digéré qu'on ait postposé son second degré. Dès notre embarquement, Xavier s'est vraiment collé à René. Ils ne sont pas quittés de tout le séjour. Ils évitaient tout le monde

243

hormis Jean-Pierre et François-Xavier. Ils étaient constamment en conciliabule ; épiaient, chuchotaient. C'en était même dérangeant.

Je la regarde encore une fois. Je dois avoir des yeux de cocker. Je suis tout penaud. Je me rends compte, mais trop tard, que j'aurais dû lui en parler plus tôt, simplement lui répondre quand elle m'avait posé la question. J'avais esquivé, une fois de plus. Erreur. Le silence est souvent coupable ! Doudou, heureusement, n'accordait que peu de foi aux ragots et autres balivernes. Elle voulait la vérité. Je devais la lui livrer.

- C'est une longue histoire… Tu te rappelles Benoît, le maître du chantier, et sa femme, Karine. Une de mes amies d'enfance, Elyse, un amour platonique d'adolescent plutôt, était la sœur de Benoît. Elle s'est tuée dans un accident de voiture un 18 mai, jour de son anniversaire, jour de mon initiation et jour de l'anniversaire de mon père. Je me suis fait toute une histoire avec cela. Tu sais comme je peux parfois être irrationnel. Je ne voulais pas t'embêter avec mes délires et j'ai classé le dossier quelque part, aux fins fonds de mon cerveau.

Puis, nous avons invité Xavier pour le
présenter aux autres, avant de l'initier. C'est
là que j'ai vu Sophie pour la première fois.
Tu me croiras ou pas : c'est Elyse dans la
voix, dans le visage, dans les cheveux, dans le
sourire, dans tout, absolument tout. Je n'en
reviens toujours pas.
C'est vrai, l'espace d'un instant, j'ai
succombé à une espèce de fascination. J'ai
cru à un miracle, à une réincarnation... Je me
suis vite repris. Le hasard est tout de même
troublant!
Le problème, c'est qu'elle paraît aussi
troublée que moi et que ça se voit. C'est
vrai?

- Oui. Tu te comportes étrangement avec elle.
J'aurais dû en être jalouse. Pourtant, je sais
comment tu es avec moi. Je sais que tu ne me
mens pas. J'attendais que tu m'expliques. Tu
as trop traîné. Tu n'aurais pas dû. La rumeur
s'est répandue et ta chère amie s'en est déjà
emparée.

- Ma chère amie?

- Marie-Victoire m'a rendu visite hier. Elle
est venue me parler de Sophie et de votre
relation plus que douteuse. Je dois t'avouer,
mon petit bonhomme, que si je n'avais pas eu

une confiance totale en toi, je l'aurais crue.
Sophie serait ta maîtresse!
- C'est affligeant !

Nous n'aurons pas le temps de poursuivre.
Le téléphone sonne. Je déteste cet engin. J'ai
d'ailleurs pris un numéro privé. Je dois donc
décrocher : c'est un proche qui m'appelle !

- Olivier? C'est Xavier. Je sais qu'il est tard.
Sorry. Je viens de quitter René et Marie-
Victoire. Il faut absolument que je te voie,
avec Sophie.

- Tu sais l'heure qu'il est? Je suis avec
Doudou, là. On discute.

- Désolé ! Il faut vraiment que nous venions,
et Doudou est la première concernée. Ouvre
la grille, je serai là dans vingt minutes !

Xavier roule un peu trop vite sur les pavés de
l'allée; il stoppe un peu trop brusquement
dans la cour : il est nerveux. Je les aperçois
par la fenêtre. Je leur ouvre la porte. Ils
affichent tous les deux un sourire crispé.
Sophie, surtout, paraît inquiète.

Xavier ne prend même pas la peine de
s'asseoir.

- Je n'irai pas par quatre chemins, entame-t-il
sur un ton mi-anxieux, mi-nerveux. As-tu fait
des propositions malsaines à Marie-Victoire?

- Pardon?

- As-tu proposé à Marie-Victoire de coucher
avec elle?

Les bras m'en tombent. J'ai le souffle coupé.
Je suis abasourdi. Je me tourne vers Doudou.
Elle est aussi stupéfaite que moi.

- Tu as bien dit Marie-Victoire? demande-t-
elle.

- Oui, Marie-Victoire, la femme de René.

Cette seconde a sûrement été une des plus
longues de ma vie. J'ai vu les yeux de
Doudou se plisser, des larmes perler, ses
paupières se plisser. Elle a porté ses mains
jointes aux encoignures de ses yeux. Elle
faisait une énorme bouche en «O» mais aucun
son ne sortait. Elle était muette d'étonnement.
Puis ses lèvres ont dévoilé deux rangées de
dents étincelantes dans un éclat de rire

irrésistible. Je l'ai rejointe immédiatement, pris d'un fou rire incontrôlable. J'étais littéralement plié en deux. Nous parvenions d'autant moins à nous maîtriser que nous les voyions pantois, éberlués, perdus.

- Elle est passée hier soir, parvient péniblement à articuler Doudou. Elle m'a dit que c'était de ta femme qu'Olivier était l'amant !

Elle repart dans son fou-rire. Xavier et Sophie se regardent, eux aussi. Ils hochent tous les deux la tête, comme des marionnettes désarticulées, bras ballants et mine défaite. Finalement, ils parviennent à esquisser un sourire. Ils emblent deviner ce qui s'est passé et éclatent de rire à leur tour. Nous nous étreignons tous les quatre. Est-ce de l'amitié, de l'amour ou de la fraternité ? Un peu de tout, sans doute et aussi un geste de fidélité d'un filleul à son parrain ! Nous avons compris. Nous avons gagné. Il n'y a plus qu'à mettre des mots sur tout ça.

*
* *

N'en déplaise à Xavier, je joue mon petit prof en faisant la synthèse des événements.

- Il faut que nous confondions cette affreuse araignée. Pour cela, nous devons comprendre ses motivations. A priori, si c'est parce que son mari n'est pas encore passé compagnon, elle veut se venger de tous les membres de la commission et plus particulièrement de Bertrand et de Charles. Or, elle les laisse tranquilles. Il est évident que c'est ma peau qu'elle veut. Pourquoi?
Deuxièmement, sa technique est bizarre, voire naïve. Elle profite de la rumeur qui m'associe à Sophie pour m'accuser de tentative de séduction. Je ne peux tout de même pas être l'amant de trois femmes en même temps !

- Ah ça, c'est ben vrai! intervient Doudou avec un accent des campagnes profondes.

Sophie éclate de rire. Xavier se redresse. Il la regarde.

- Ne te fâche pas, mon amour. Olivier n'est pas du tout mon style. Dans une autre vie, peut-être, mais ici… il n'y a vraiment aucun danger.

Doudou enchaîne.

- Je sais ce qu'il faut lui faire pour l'apaiser et je vous jure que je m'applique… Il n'y a aucun doute. Tout ceci n'est que mensonge.

Je ne suis pas trop content de ce dernier commentaire.

- Il y a un problème?

- Non, Mamour. Simplement, avoue que tu n'as plus vingt ans.
- Méchante… Tu ne sais pas la chance que tu as !
- Méchant toi-même… Tu sais pourtant que je t'aime.
- Reprenons nos esprits. Il y a un gros danger. Victorine nous attaque.

C'est à Xavier à reprendre la main.

- La clé, dans tout ça, c'est René. Je ne suis pas sûr qu'il maîtrise toutes les cartes. Il croit sincèrement que tu as dragué sa femme. Pour lui, tu es un salaud. J'ai eu toutes les peines du monde à le calmer durant ce week-end ! Il y a quelque chose qui cloche. Ce ne peut être que dans son passé. Mais quoi ?
Olivier, es-tu sûr de ne jamais avoir fréquenté René. Tu n'aurais pas eu un problème en

affaires ? Que sais-je ? Un souci avec la banque de Bérénice ?

- Quoi ? Avec la banque de qui ?

- De Bérénice. C'est le vrai nom de Marie-Victoire. Tu ne savais pas ?

Ca me reprend à nouveau. Le temps s'arrête. Je les vois me regarder. Doudou plonge vers moi. Elle me secoue. Xavier m'allonge sur le canapé. Je suis bien, comme dans de l'ouate. Qu'ont-ils à s'agiter comme ça ? Je viens de tout comprendre. Je vais leur expliquer… après. Maintenant, je fais une pause. Je suis à Frahan, sur le pont de la Semois où j'ai jeté les cendres de mon père, avec David et Alexandre. J'y vais souvent pour prendre conseil, pour obtenir un signe. Je vois les algues vertes, au pied du pilier central, qui ondulent et remontent le courant. Il n'y a pas de tourbillon. C'est anormal. C'est le signe que j'attendais. Je dois remonter le courant moi aussi, remonter vers l'amont, affronter le passé. Oui, j'ai enfin compris le message.

Doudou hurle. Elle lève la main, comme à l'aéroport. Bang en plein visage !

- Aïe, arrête, tu es devenue folle ? Ca fait
mal. Qu'est-ce qui te prend ?

Elle me saisit dans ses bras, me serre contre
elle. Je m'étais évanoui, simplement. Rien
de grave. Je les rassure. Tout va bien.

- Désolé de vous avoir fait peur. Xavier,
depuis quand sais-tu qu'elle s'appelle
Bérénice ?

- Depuis Bangor. René avait besoin de parler.
Il souffrait vraiment. Il m'a raconté une
histoire rocambolesque. Si elle est vraie,
alors, ce type n'est vraiment pas heureux. Je
te le garantis.

- Raconte. En attendant, je sais comment la
confondre. Quand tu auras terminé, je vous
donnerai mon plan.

Chapitre 20. Bas le masque.

Chez les Delmasure, comme chez les
Berteaux, l'art de recevoir obéit à un code
dicté par la maîtresse de maison, en
l'occurrence, Sophie. Pour l'occasion, Xavier
sera le commis. Ignace et Patricia ont été
conviés avec René et Marie-Victoire. Nous
serons les invités du dessert. Le repas
permettra à Ignace de prendre la température.
C'est un Ancien. René le perçoit comme un
allié et, implicitement, comme un de mes
détracteurs. Ignace n'aura aucune difficulté à
amener Marie-Victoire sur le sujet : moi.

Ignace aurait pu être l'inventeur de la
biofluidité. D'une intelligence et d'une
intuition hors normes, il a développé un art de
vivre sans heurts. Il anticipe les événements
et se positionne toujours de façon à ne subir
aucun choc frontal. La tangente est sa ligne
de vie. Il est une forme d'anguille
« émotiodynamique ». Il est naturellement
doué pour l'empathie et se glisse comme dans
un gant au cœur les situations les plus
complexes. Il est par ailleurs fort proche
d'Alain : important vu les circonstances !

Doudou et moi étions à la maison. Nous
devions arriver chez Xavier à seize heures.
Pendant ce temps, Ignace et Xavier étaient
supposés avoir amené Marie-Victoire à
évoquer son passé de banquière. Je voulais
savoir pourquoi elle avait changé de nom.
Comment elle était devenue à ce point
méconnaissable. Je savais ce qu'elle m'avait
fait. Pourquoi ? Quel avait été le rôle de
René dans cette histoire ? D'après moi, il
était dupe. Je l'espérais. J'avais d'ailleurs
déjà revu mon jugement.

Je sonne. Sophie vient nous ouvrir.
L'apparition fait toujours le même effet !
Nous entrons dans la salle à manger. La table
est dressée pour le dessert : le timing est
respecté. Bérénice lève les yeux. Je la vois
s'étrangler. Je la vois se courber, la main
devant la bouche. Son estomac vient de
recevoir une décharge d'acide qui la déchire.
Je fonce bille en tête.

- Bonjour, Bérénice. Ca fait un bail, dis-
donc. Tu m'as bien eu. Pourquoi me joues-tu
cette comédie depuis deux ans ?

René tente d'intervenir. Ignace lui pose la
main sur l'épaule et le maintient en
place : « Attends ». Bérénice relève la tête.

Elle affiche un sourire de dépit et de bravade,
voire de mépris.

- Très bien. J'ai compris. Nous allons nous
expliquer. Ceci dit, Monsieur Berteaux, il
n'était pas nécessaire de me tendre ce piège.
Je suis parfaitement capable de régler mes
comptes toute seule.

- Je n'en doute pas un seul instant. Et comme
vous n'avez rien à cacher, Madame Brame,
vous ne verrez aucun inconvénient à ce que
les Frères ici présents nous entendent. J'ai
une seule question. Pourquoi, il y sept ans,
avez-vous décidé de me casser, de me briser,
de me ruiner ?

Elle prend une profonde respiration, fixe
chacun des convives, l'un après l'autre. Elle
est sereine, un peu comme une accusé au
tribunal lorsqu'il avoue un crime qu'il tenait
secret depuis trop longtemps. Elle se libérait.

- Lorsque je suis entrée à la banque, je n'avais
que dix-neuf ans. J'avais bien tenté une
année de Droit, sans succès. Petit à petit,
j'avais gravi les échelons. J'avais beaucoup
voyagé, spécialement à Bruxelles et en
Brabant wallon. Je m'étais adapté à ce profil
de clientèle aisé, le plus souvent raffiné.

J'étais directrice d'agence à Uccle. Puis le comité m'a proposé un poste dans le Centre. J'aurais la responsabilité de cinq agences. Je n'ai pas hésité un seul instant. Cette promotion était un exil mais un passage obligé pour un retour à Bruxelles.

Ma mission était claire : remettre de l'ordre dans une zone où mon prédécesseur avait fait preuve de laxisme. Son style compréhensif et amical ne correspondait plus au nouvel esprit d'entreprise de la banque ni à ses objectifs. Je devais éliminer lecanards boiteux et les clients à risques.

Je t'ai détesté à l'instant où je t'ai vu. Goguenard, frimeur, séducteur, tu avais tout ce que je m'escrimais à obtenir depuis tant d'années : luxe, aisance, famille, relations… Tu serais ma victime, l'exutoire de mes rancoeurs. Tu avais une grande faiblesse. Ton mode de fonctionnement te rendait étais entièrement dépendant de la banque. Tu étais en mon pouvoir, à ma merci. Ton sort ne dépendait que de mon bon vouloir.

- C'est donc uniquement par jalousie que tu m'as détruit ? Tu aurais pu, à l'inverse, profiter de mes relations, de mon expérience, de ma connaissance de la région. J'aurais été heureux de travailler avec toi comme avec Jean, ton prédécesseur.

- Je te coupe. De un, je devais discréditer Jean et prouver que ses jugements avaient nui à la banque : il ne plaisait plus. Deux, j'ai bien profité de toutes tes relations, mais sans toi. Trois, j'avais un supérieur régional en mal de tendresse qui m'a fait visiter jusqu'au moindre recoin de la Région du Centre. Tu vois, j'étais pragmatique et organisée.

- C'est démoniaque. Je n'existais donc pas ? Je n'étais qu'un numéro de dossier ?

- Tu n'étais qu'une marche sur l'escalier de ma carrière.

- Et pour cela, tu devais me tuer ?

- Question de crédibilité. Tous les cadres supérieurs savent ça. C'est une notion élémentaire de management. Lorsqu'on débarque dans une nouvelle fonction, il faut se positionner sur trois axes. Le personnel, d'abord. Lui faire la démonstration de son pouvoir. Des têtes doivent tomber, pour l'exemple. Qu'elles soient coupables ou non n'a aucune importance. La hiérarchie, ensuite. C'était ton rôle. J'ai démontré que tu représentais un risque pour la banque. Un jeu d'enfant : j'avais tous les atouts en main.

257

La clientèle, enfin. Un banquier doit gérer, rassurer, inspirer la confiance. Il n'est ni philanthrope ni social : il respecte des objectifs ! En me faisant respecter de mon personnel et de mes supérieurs, j'obtenais le crédit de mes clients. Simple, non ?

Doudou n'en croyait pas ses oreilles. Ignace souriait : cela ne l'étonnait pas. Hormis lui, ils étaient tous stupéfaits, même René. Manifestement, il ne connaissait pas cette partie de l'histoire. Moi, oui. C'est ce qui m'avait sauvé de la folie, deux ans après le dépôt de bilan. Bérénice avait tellement bien réussi sa mission qu'elle était unanimement détestée tant par son personnel que par le cadre. Un ami rotarien m'avait appelé, un lundi matin. Récemment retraité de la même banque, il ne devait plus craindre pour sa carrière. Nous nous étions vu au Faitout, à Baudour. Il m'avait tout expliqué : le lynchage, la complaisance sinon la complicité du comité. En m'avouant son impuissance à me sauver, il m'avait sauvé la vie. J'avais pu commencer à rebâtir. Forestaille se profilait à l'horizon.

- Te rends-tu compte que j'ai tellement douté de moi que j'ai failli me détruire, que je me suis tellement culpabilisé que j'ai cru en mourir, que j'ai perdu toute estime de moi, que ma femme m'a rejeté, que mes enfants m'ont renié ? Réalises-tu ce que tu as fait ?

- Ta femme, je l'ai bien connue. Elle n'était pas celle que tu croyais. Elle n'attendait de toi que la sécurité, rien d'autre. Tu ne la lui as jamais apportée. Elle s'est donc réfugiée dans ses convictions : tu étais dangereux. Elle se confiait à moi. Je suis devenue son amie. Je l'ai encouragée à te haïr. Elle m'a présenté à ses amis influents : je gagnais sur tous les plans. Je dois reconnaître qu'à un moment, j'ai été dépassée. Au début, elle ne cherchait qu'un abri. Puis, elle a commencé à nier jusqu'à ton existence. Elle en a même convaincu tes enfants. Les murs de protection sont devenus une prison indestructible : elle était sa propre geôlière !

- Aliénation parentale. Phénomène de plus en plus courant ! Négation du père par une mère possessive. Traumatisme familial souvent lié à l'existence d'une belle-mère perçue comme une rivale. Nous ne sommes pas ici pour faire de la psychologie.

- Que veux-tu que je te dise ? Je ne peux pas revenir en arrière. Tu aurais pu m'éliminer mais ce n'était ni dans ton profil ni dans celui

de ton ami Alain, ton sauveur supposé !
Celui-là, je l'avais tué avant même de l'avoir
entendu. Il n'avait aucune chance.

- Alain est comme moi un Frère de notre
Loge. Avec lui aussi, tu vas maintenant
devoir t'expliquer. Personne ne comprend tes
motivations. Pour le reste, tout ce que tu
viens d'avouer, je le savais. Gilbert, ton
guide régional si dévoué, m'avait tout
expliqué il y a bien longtemps déjà.

- Puisque tu en parles ! Gilbert était mon
amant. Il est pratique d'avoir la confiance de
ses chefs, n'est-ce pas ? Le quinze décembre
deux mille six, nous avons eu un accident à la
Reine de Hongrie. Je conduisais. Je ne sais
pourquoi, la voiture est sortie de la route. Il
était indemne mais j'étais touchée aux
hanches et au visage. Un an d'hôpital !
Chirurgie esthétique, rééducation. Mon mari
m'a quittée. Normal. Gilbert a divorcé. J'ai
cru un moment que c'était pour moi. Erreur :
au scandale, il a préféré sa carrière. Lorsque
le comité a voté mon licenciement, il n'a pas
prononcé un mot !

- Juste retour des choses !

J'étais d'une froideur de marbre, comme absent, comme le spectateur d'un film dont j'aurais été acteur, avant. Je n'éprouvais aucun sentiment, je ne faisais qu'enregistrer la confirmation de ce que je savais déjà. Sauf cette date. C'est la seule chose qui m'avait touché. J'aurais décidément bien des choses à raconter à mon ami Benoît. Il y avait trop longtemps que je ne l'avais vu. Je découvrais un nouveau Huit. Encore un signe que je venais de décoder.

- Après tout cela, poursuit-elle, j'ai fait la connaissance de René. Il travaillait pour une grosse boîte d'électro-ménager à Bruxelles. Il m'a fait rencontrer les responsables du management. C'est ainsi que j'ai créé ma société de GRH. Je me suis spécialisée en gestion des conflits. J'avais retrouvé une forme de stabilité avec lui. J'étais fière quand il m'a annoncé qu'il entrerait en Maçonnerie, vraiment. Pour lui, c'était une revanche contre une vie terne, malgré les apparences. Je ne savais pas que tu faisais partie de cette loge, ni Alain. Je te le jure. Simplement, quand j'ai su que le passage de René était postposé, j'y ai vu ta main : vous vouliez vous venger. Alain était intouchable, dans ce monde. Et toi, je dois te l'avouer, je pensais que tu n'avais pas changé, que tu étais

toujours aussi fragile. Je m'étais trompée.
C'est tout ce que j'ai à déclarer, Mesdames,
Messieurs les jurés.

Elle s'est levée sans un mot, a fait un signe à
René qui l'a suivie comme un mouton. Il
baissait la tête et nous a glissé un regard
piteux. J'avais pitié. Quand j'ai vu les
larmes perler sur les yeux de Doudou, j'ai
pleuré à mon tour. Nous avons tous pleuré ce
gâchis, le désespoir de cette femme et la
souffrance de ce Frère qui ne vivait que dans
son ombre.

Sur le pas de la porte, Bérénice s'est tournée
vers Ignace, l'air mauvais.
- Dans ton rapport, tu pourras ajouter
qu'Olivier ne m'a jamais fait de propositions.
- Précision inutile !

Ce serait la dernière bravade. Nous n'avons
pas pris le dessert !

Chapitre 21. De l'autre côté du miroir.

C'était à la fin des travaux de gros-œuvre à Forestaille. Nous avions planté le bouquet. Nous faisions la fête comme l'exigeait la tradition des constructeurs. J'avais amené Benoît à l'écart du groupe.

- Tu sais que je suis Maçon. Je sais aussi que tu ne l'es pas. Pourtant, tu sembles tout connaître de nous. Je t'ai bien observé, pendant les travaux. Tu utilises tous les outils, toutes les méthodes, tous les temps des Anciens. Nous avons les mêmes codes écrits : je t'ai vu marquer les pièces et j'ai déchiffré. Tu utilises le même abaque que moi. Je pense que tu es de la Vente de Nord. Je me trompe ?

- Complètement ! Je suis comme toi, en quête. J'ai simplement emprunté un autre chemin. Il croisera le tien… bientôt. J'ai renoué avec les rites oubliés. J'ai redécouvert les anciens mystères. Je t'ai observé, moi aussi. Je sais que tu trouves l'eau, que tu coupes le feu. Tu vas parfois à l'arbre à clous du Roeulx. Tu as vu la Vierge Noire de Givry, la Vierge aux yeux clos de Chartres.

Tu ressens les ondes. Pourquoi penses-tu que j'aie accepté de travailler ici ? Je savais qui tu étais et ce que tu allais devenir. Je t'ai accompagné. Tu renoueras avec ton perfectionnement. Tu découvriras des carrefours initiatiques indispensables à ton cheminement. Nos chemins sont appelés à se croiser à nouveau. Aie confiance !

De ce jour, il ne m'a pas quitté, en esprit. Après cet épisode sinistre avec René, je pensais que le moment était venu. Je voulais confirmer une intuition. Il y avait trop de coïncidences étranges. Sophie restait une grande énigme. Toutes ces dates qui se croisaient… Ces flashes de plus en plus fréquents… Autant de signes que je pensais avoir saisis. Aurais-je franchi les portes du temps ? Je voulais avoir confirmation. Benoît pourrait m'aider.

*
* *

Ce ne sont pas Benoît et Karine que nous avons invités à Forestaille mais Gulliver et sa femme. Ils sont immenses tous les deux. Je préfère les voir assis : c'est moins impressionnant ! Karine prend bien un petit verre de vin, de temps en temps. Benoît, de l'eau ! Il ne mange pas de viande. J'ai fait un gigot d'agneau, tomates grillées et patates macaire pour nous trois. Escalope d'aubergines aux œufs et ratatouille hennuyère pour lui : patates, chicons, salsifis en sauce blanche. Le tout gratiné. J'entame la conversation avec le plat.

- Nous nous sommes suffisamment vus pendant le chantier pour ne pas tourner autour du pot. Je pense qu'Elyse n'est pas morte !

Je les vois blêmir. Ils se regardent. Ils sont d'abord défaits puis, imperceptiblement, ils ouvrent leurs visages en un sourire épanoui. Leurs yeux se mettent à pétiller. J'y lis des étincelles de bonheur. Je suis à nouveau hors le temps. Que se passe-t-il encore ?

Karine semble spécialement émue. Ses longs cheveux d'un noir de jais éclatant ruissellent sur ses épaules. Elle tient de sa mère ce teint légèrement ambré des Balinaises. Elle paraît à la fois incrédule, épatée, heureuse. « Comment as-tu fait ? » semble-t-elle me dire. Benoît se prend le sommet du nez entre pouce et index. Il rit, tête baissée, comme s'il était satisfait d'avoir réalisé quelque chose d'inespéré, comme s'il avait atteint un objectif plus tôt que prévu. Finalement, tous les deux, à leur manière, exprimaient un bonheur incrédule.

- Elle est la femme de mon filleul, Xavier. Je crois qu'elle m'a été envoyée. Si j'en crois Lucien, c'est le destin.

- Le magnothérapeute ?

- Tu le connais ?

- Le monde est petit ! Alors, je vais te dire d'autres choses. Tu as découvert le sens des dates et l'envers du miroir… Tu as la clé. Il ne te reste plus qu'à ouvrir les bonnes portes ! Pourquoi veux-tu encore te rassurer ?

- Je ne peux pas voyager là-bas tout seul. J'ai besoin de votre présence…

*
* *

C'est un rituel que je connais bien. Il n'a rien de maçonnique. Je l'ai très, trop souvent pratiqué, sans vraiment savoir. C'est un Guatémaltèque qui me l'a appris. Je l'avais rencontré à Bruxelles. Il travaillait dans une association, rue Joseph II.

- Tu prends toutes les lettres de l'alphabet. Tu les disposes en cercle. Tu mets le « O » et le « N » en opposition. Ils seront les « Oui » et « Non » des Esprits. Tu prends un verre, pas trop lourd. Pas un verre à pied : un verre stable. Tu le retournes. Il faut qu'il glisse sur la table. Tu dois tester. Puis tu demandes aux autres de mettre leur index sur l'angle du fond du verre et de se concentrer. Ils vont parler aux Esprits. Tu prendras la parole et invoqueras Wija. Tu lui demanderas s'il accepte de répondre à tes questions. S'il va vers le « O », c'est bon. S'il va vers le « N », en face, donne ta place à un autre : les esprits ne t'acceptent pas. Quand il aura répondu favorablement, tu pourras poser tes questions. Le verre va bouger et se mettre devant les lettres pour former des mots.

- Tu te moques de moi ?

- Tais-toi, petit blanc. Tu as oublié tes morts. Nous, pas. Nous vivons avec eux.

Et il s'était mis à rire.

*

* *

Doudou a apporté un jeu de scrabble. Les lettres nous serviront. J'ai un verre de cristal : un verre à whisky que j'ai gagné lors d'une tombola au Hilton de Bruxelles avec les Frères du Tripode. Il est stable et sonne bien.

Benoît a enfilé une énorme bague à son index gauche. C'est une améthyste. Je sais pourquoi. Regardez les toiles anciennes des puissants cléricaux : évêques, cardinaux et autres papes, vous serez étonnés !

Je le répète : ceci n'a rien de maçonnique : nous allons pratiquer une séance de spiritisme. C'est du moins le terme que l'on utilise généralement. Je trouve qu'il serait plus juste d'évoquer une excursion de l'autre côté du miroir. Cette expression est beaucoup moins effrayante.

Je m'étais résolu à renoncer à cette pratique depuis qu'une de mes tantes, à qui j'avais expliqué le procédé, en était devenue esclave au point d'exiger de son mari qu'ils consultent les « esprits » tous les soirs. Je vais donc pratiquer avec une extrême distance.

- Wija, acceptes-tu de nous répondre ?

Nous avons tous le doigt posé sur le socle du verre. Va-t-il bouger ? Il avance. Doudou n'en croit pas ses yeux. C'est sa première expérience. Le verre hésite. Il tournicote. Enfin, il se décide. Dire qu'il nous échappe est stupide : il décide. Il va vers le « O » et revient immédiatement au centre du cercle de lettres. Nous pouvons commencer.

- Merci, Wija. Nous voudrions entrer en contact avec Elyse. Est-ce possible ?

- Une flèche ! Il file vers le « O ».

- Wija, nous pensons qu'Elyse est Sophie. Est-ce vrai ?

- « O »

- Wija, leurs âges ne correspondent pas !

Il recommence alors à se déplacer, mais beaucoup plus lentement. Il bouge et nous le suivons, du bout des doigts.

L... e ...s... p...o...r...t...e...s... d...u...t... e...m...p...s...

Trois minutes. Il aura fallu trois minutes pour retranscrire la phrase. Jamais je n'avais vécu ça. Trop long ! « Les portes du temps existent. Le blanc et le noir se mêlent et se démêlent. Le porteur de lumière détruit et rallie. Il est dans la ténèbre ».

- J'arrête. Je sais tout ce que je veux savoir.

- J'aimerais que tu restes, me dit Doudou.

- Bien. Wija, pourquoi le dix-huit mai revient-il si souvent ?

Nous attendons. Le verre reste immobile.

- C'est moi qu'il ne veut plus, dis-je. J'en ai assez. Je vais dans le salon. Continuez sans moi.

*
* *

Je suis resté plus d'une heure devant le feu ouvert. J'ai remis quelques buches. J'ai pris un verre. Un bon calva de Normandie. J'en ai encore quelques litres dans le fût. Je l'ai ramené de chez Marcel. Il est agriculteur et producteur de cidre. Il a un droit de titrage. D'année en année, ce nectar s'améliore. Mes papilles gustatives frisent l'extase. Je me pourlèche les babines comme un chat gourmand en me délectant de ce divin breuvage. Je m'échappe pour tenter d'y voir plus clair : j'ai commis une erreur.

Jamais, je n'aurais dû recommencer. Doudou va y prendre goût. Elle voudra jouer et jouer et encore jouer. Elle ne sait pas combien c'est dangereux. Je la mettrai en garde, rationnellement, quitte à la décevoir…

- Et alors, on cogite ?

C'est Benoît.

- Qu'a dit Wija ?

- Les bêtises habituelles.

Je quitte le globe de mon verre et le regarde.

- Les bêtises habituelles, hein ?

- Tu sais bien que nous ne venons pas de communiquer avec les esprits. C'est bon pour les naïfs, tout ça. Je suis comme toi, en recherche, comme Lucien. Je vais d'ailleurs cesser de te mystifier. Je participe au même groupe de recherche que lui. Nous tentons d'explorer cet univers dit « para » à la lumière de nos connaissances scientifiques.

- Comme Lucien ? Pourquoi ne m'a-t-il jamais parlé de toi ?

- Parce qu'il savait que j'étais responsable de ton chantier. A cette époque, il ne te connaissait que très peu et craignait que tu n'acceptes pas notre démarche souvent perçue comme « fumiste ».

- C'est que je n'étais pas réceptif, probablement. Pourtant, une question me passionne : comment percer les secrets cachés au creux des méandres de l'esprit humain ? Pourquoi toutes ces choses étranges m'arrivent-elles ? Je voudrais comprendre.

- Nous avons déjà un élément de réponse ici, à mon avis. Nous devrions admettre que nous sommes devant un cas de réincarnation. Dans notre culture, c'est inimaginable. A toi de voir si Sophie et Xavier pourront accepter.

- Il ne faut pas les perturber. Sophie a compris, intuitivement. Xavier doit encore poursuivre son « décrassage ». Il n'est pas encore capable d'accepter ce que je vis de plus en plus souvent en ces moments d'absence répétés. Ils sont, comme tu le dis, autant de portes vers l'autre côté du miroir où m'attend Elyse, je le pressens. Finalement, mort et naissance sont exactement la même chose. Nous n'évoluons que par cycles. Peut-être ces boucles sont-elles amenées à se croiser. Peut-être le savons-nous, inconsciemment. Nous appartiendrions à des mondes parallèles. Là se trouveraient les secrets de l'espace et du temps…

- C'est en cela que ce jeu de Wija est intéressant mais nous ne sommes nulle part en ce domaine.

- Passionnant. Tu vois, c'était aussi ce type de démarche que je pensais trouver en Maçonnerie. Sur ce plan, je me suis complètement trompé, du moins en Loge bleue. J'ai un peu l'impression que le serpent s'y mord la queue, que l'on ressasse toujours le même catéchisme, que l'on refait toujours la même chaîne d'union sans chercher à aller plus loin.

- Tu n'es pas un peu ingrat ? Quand tu parles de tes Frères, c'est avec un enthousiasme réel. Malgré tous les chambardements que vous vivez actuellement, vous êtes tous prêts à vous couper la main pour vous sauver l'un

273

l'autre. Ce n'est pas parce que vous jouez aux gamins que vous ne vous aimez plus. Vraiment, je sais que tu as découvert ce que tu cherchais. D'abord, tu avoues toi-même avoir changé. Tu te décris comme clairvoyant, constructif, entêté. Surtout, ta loge t'a donné ce nouveau regard qui te différencie définitivement des profanes et de leur monde. Rappelle-toi : « Il n'y a pas plus aveugle que celui qui ne veut y voir ». C'est bien toi qui l'as écrit. Tu es maintenant sur les parvis du Temple. Tu as les clés de la porte. Tu as intégré le sens caché… Tu as dû, pour cela, passer par le chas de l'aiguille.

Il est vrai que, finalement, les Frères avec qui je m'entendais le mieux étaient tous marqués, directement ou indirectement, par la mort. Soit qu'ils aient été gravement malades ou l'étaient encore, soit qu'ils aient perdu quelqu'un de très proche. A y réfléchir, il y a, entre nous, comme un indicible sentiment de partage, presque de connivence morbide. Nous avons tous plus de distance par rapport aux choses. En même temps, nous nous radicalisons. Nous devenons extrêmes. Nous n'acceptons plus ni la faiblesse, ni la bassesse… ni le commun.

- Non, je ne suis pas ingrat. Je suis seulement assoiffé. Je voudrais savoir pourquoi je trouve de l'eau ou ressens les champs magnétiques comme nos Ancêtres. Je voudrais qu'on m'explique pourquoi tous les édifices religieux majeurs sont construits sur des nœuds géodésiques où avaient déjà été érigés des temples romains, eux-mêmes construits sur des lieux de culte celte. La cathédrale de Chartres, au cœur de la forêt des Carnutes, chère à Panoramix, ce n'est pas que de la bande dessinée. Pourquoi Doudou et moi avons-nous reçu le secret des coupe-feux ? Pourquoi ces dix dernières années de ma vie ont-elles été profondément marquées par les prédictions d'une numérologue ? Réalité ? Fiction ? Autosuggestion ? Déterminisme ? Je ne sais pas et j'aimerais savoir.

- Tu ne pourras jamais tout savoir. Pour explorer, il te faut d'abord t'intéresser à ce que tes prédécesseurs ont trouvé. C'est pour cela que nous nous rassemblons, régulièrement, dans le cadre de conférences qui traitent de ce type de sujet. Voilà comment je connais Lucien et quelques autres de tes Frères. Si tu avais accepté les invitations qui t'avaient déjà été faites, nous nous serions retrouvés plus tôt. Mais tu as

préféré chercher une explication magique…
Tu garderas toujours la tête dans les étoiles.
Tu te prendras toujours pour le preux
chevalier parti à la quête du Graal pour
l'offrir à sa gente Dame !

Subitement, il se met à rire comme un
immense gamin qu'il est. Son mètre nonante
se déploie et s'arque vers l'arrière. Ses bras
fouettent l'air et se replient sur son ventre. Il
se penche et mime un cavalier au galop.

- Le chevalier blanc… Je parle au chevalier
blanc… Chante, Olivier, chante ! « Je suis le
chevalier blanc…. »

C'est qu'il se moquerait de moi, ce grand
bênet ! Je m'extirpe de mon fauteuil en
épanchant un peu de calva, tant pis. Je lui
rentre dans le bide et nous roulons à terre,
comme deux frères qui se chamaillent. Il se
laisse faire. Je m'assieds sur son ventre.
Benoît rit et je tressaute. Je reprends mon
verre. Les femmes arrivent. Je prends une
gorgée chaotique !

- Doudou, j'ai vaincu le dragon ! C'est
l'Doudou. C'est l'Mama. C'est l'Poupée,
poupée, poupée…

Elles éclatent toutes les deux de rire. Karine se pâme. Doudou va chercher au fond de sa gorge ce rire si profond et si vrai. Nous rions ! Quel bonheur de vivre…

Chapitre 22. Sous le soleil du Midi.

Nous avons tous besoin de repos. L'accumulation de toutes ces émotions m'a épuisé. J'en arrive à une forme de saturation. Je dois m'éloigner de tous ces problèmes. Je veux m'occuper de ma femme. Nous avons envie d'être égoïstes. Direction le Midi. Nous sommes en juin. Les cigales commencent à chanter. Le soleil est au rendez-vous. Le pastis n'attend que ses glaçons !

Cette fois-ci, nous prenons l'avion à Charleroi direction Nîmes. Nous louons une voiture à l'aéroport. Pas de fatigue. Pas de risques d'accidents. Un budget de voyage sensiblement identique à celui d'un déplacement par autoroute.

De Nîmes pour rejoindre Bédarieux, nous avons pris le chemin des écoliers. S'extraire de cette ville en perpétuel chantier n'est pas mince affaire. Nous y parvenons après quelques hésitations sur le périphérique. Avec les gorges de l'Hérault, nous quittons définitivement la Provence et ses paysages apprivoisés. Nous entrons de plein pied dans

ce monde que j'aime, fait de roches grises
aux arêtes affûtées par l'érosion, de terres
ocres sculptées par les pluies de printemps et
le vert profond des chênes et des buis de
garrigue. Doudou est, elle aussi, sous le
charme. Nous nous taisons. Nous écoutons
le murmure du vent, l'écho des rapides
répercuté par les parois abruptes, le
bruissement des herbes folles et parfois, s'il
ne fait pas trop chaud, le concert des cigales.
Ca sent la terre rocailleuse, le buis, le thym et
l'écorce de platane. C'est l'entrée dans un
pays noble, fier et indompté.

Causse de la Selle. Nous prenons la
départementale cent-vingt-deux pour
rejoindre les sources de la Buèges. Doudou
est rayonnante. Plutôt que de brancher l'air
conditionné, nous roulons fenêtres ouvertes.
Ses cheveux roux s'étirent en longues boucles
de feu. Je comprends alors d'où elle a tiré
l'inspiration de ses dernières toiles. Elle a
faim. Nous faisons une halte à Saint-Jean. Il
y a bien un restaurant étoilé sur la place. Ce
n'est pas de circonstance ! Par contre, à la
sortie du village, nous découvrons une
terrasse sympa. Un signe qui ne trompe pas :
des gens du pays y sont attablés. Deux gars
en chaussures de sécurité et pantalons
maculés de plâtre. Huit ouvriers du

Département occupés à l'asphaltage des routes. Si ces gens mangent dans ce restaurant, c'est que la cuisine y est simple, bonne et le prix honnête ! C'est pour nous…

Doudou peut parfois être infernale. Elle adore écouter les conversations des tables voisines. Ce faisant, elle m'abandonne. Je peux siffler sur la colline : rien n'y fait.

- Tu sais ce qu'ils viennent de dire derrière nous ? Il y en a un qui se moque de toi : « C'est bien de se taper une jeune, mais après il faut encore pouvoir assumer ! »
- Tu es sûre que c'est de nous qu'ils parlent ?
- C'est évident. J'ai l'air beaucoup plus jeune que toi.
- Si tu le dis…

Je la laisse à ses indiscrétions et me consacre à une truite aux écrevisses en sauce ail, thym et poivre noir. Original ! Frais. Léger. Succulent. Je m'amuse beaucoup à décortiquer les écrevisses avec couteau et fourchette. J'excelle dans cet exercice qui a toujours son petit succès public. En vin, je joue d'audace. Je prends un rouge de la région. Il s'accommode parfaitement avec la sauce. Franchement, une réussite. Un Montpeyroux Domaine des Mazes 2009,

Médaille d'Or à Paris 2011 : le bonheur assuré pour un palais charmé et un portefeuille épargné. En dessert, sorbet au citron vert. Café.

Nous reprenons la route pour l'incontournable Mont Saint-Baudille et son panorama à couper le souffle. Nous y montons, évidemment. Par temps clair, on peut y apercevoir la mer et les Pyrénées. Une petite halte au Cirque du bout du Monde s'impose. Je veux absolument retrouver la trace de cette voie romaine qui descend droit du plateau, là où la falaise rejoint la route des crêtes, jusqu'à l'arrière du village de Soubès.

- Mamour, ça fait dix fois que l'on vient et tu ne l'as jamais retrouvée, ta voie romaine. Tu es sûr que ce n'est pas l'Arche perdue ?
- Nous ne sommes jamais allés assez loin pour la voir. On va jusqu'au pied de la grande falaise et puis, je te le jure, si je ne la vois pas, je renoncerai.

Après une heure de marche parmi les buis et les herbes folles d'où s'envolent sauterelles ailées et cicindèles hargneuses, enfin, je la vois. Elle est bien là : un trait oblique qui coupe le flanc du coteau. Elle surplombe Gourgas et Saint-Etienne. C'est une balafre rectiligne à flanc de forêt. Il fallait cette lumière de fin d'après-midi pour percevoir ce trait d'ombre dans le massif. Je comprends pourquoi elle m'a échappé si souvent. J'ai enfin tenu ma promesse. J'avais promis à mon père de la retrouver. Pourquoi y tenait-il tant ? Sans doute parce que c'était une des rares fois où nous avions passé toute une journée ensemble, rien qu'à deux. Un jour, je la ferai dégager !

Doudou est à la traîne. Elle flâne et photographie fleurs et papillons, cardabelles et autres cailloux biscornus. Je la rejoins.

- J'ai trouvé !

- Génial. Tu me la montres ?

- Non.

- Pourquoi ?

- Tu n'avais qu'à me croire. Tu ne m'as pas fait confiance. Tu es punie…

- Tu dis ça parce que tu mens. Prouve-moi qu'elle existe et je te croirai.

Nous avions dix ans. Ce petit jeu nous faisait du bien. Je l'ai évidemment emmenée voir ma voie romaine. Elle m'a regardé comme un enfant qui vient de recevoir un beau bulletin. « Tête de bourrique. Tu y es encore arrivé ! » J'étais fier comme un gamin.

Pas question de nous arrêter à Soubès : nous ne pouvons être en retard à Bédarieux. L'auberge où l'on nous attend a un charme indescriptible. La décoration en est quasi-magique. Elle nous baigne dans une ambiance de conte fantastique et s'intègre merveilleusement bien à un cadre préservé de vieilles pierres, de lichens et de milliers de fleurs que Danièle soigne avec amour.

Nous surprenons Sébastien en plein travail : il sort les poubelles. Nous nous avançons vers lui, côte à côte, d'un pas résolu. Nous sommes à contre-jour. Il plisse les yeux et essaie de distinguer qui s'avance ainsi.

-Je savais que c'était vous !

- Nous sommes toujours à l'heure… Je jette un coup d'œil rapide aux alentours pour m'assurer que nous sommes seuls… mon Frère !

Nous nous faisons l'accolade rituelle. Les puristes nous étrangleraient, ou plutôt s'étrangleraient à nous voir ainsi fraterniser : nos obédiences ne se reconnaissent pas… officiellement. Nous, les Maçons de la base, nous nous en moquons complètement. A titre individuel, nous faisons ce que nous voulons. Dès qu'on arrive dans la structure, c'est autre chose !

- Soyons pratiques. Je rentre ma poubelle. On se boit le coup et vous vous installez. Pendant ce temps, je prépare la salle : j'ai eu un baptême cet après-midi. Les invités viennent de partir. J'ai presque dû les mettre à la porte. Ils s'étaient installés, peinards, dans les salons. Il y en qui ne se rendent pas compte qu'on travaille, nous ! J'ai quarante couverts ce soir.

- Tu veux un coup de main ? demande aussitôt Doudou

- Impossible. Vous feriez pire que mieux : à chacun son métier. Soyez gentils. Installez-vous : je gère !

*
* *

Une semaine sans rien faire ! Le bonheur.
Nous nous sommes installés confortablement
au bord de la piscine, à l'ombre mouvante
d'un palmier. Nous lisons, répandus sur nos
chaises longues. Cette semaine, il y a peu de
clients. Ce sont pour l'essentiel des pèlerins à
Saint-Jacques qui arrivent le soir et repartent
tôt le matin. Entretemps, l'auberge est à
nous. Nous profitons à plein nez du parfum
suave des lauriers roses et du clapotis diffus
d'une eau si limpide qu'on en boirait. Le
soleil est brûlant. Je suis un lézard en
manque de chaleur. Dieu que c'est bon !
Perdu dans ma rêverie, j'entends à peine
Denise qui nous appelle.

- L'apéro est servi !

Quel supplice ! Nous allons encore devoir
sacrifier au rite du pastis. Le destin est
vraiment trop cruel avec nous.

- Doudou, tu as prévu quelque chose pour
après-demain, demande Denise ? Je viens de
recevoir un appel d'une amie. Elle devait
passer la journée en cure à Lamalou-les-Bains
mais elle a un empêchement. Ca
t'intéresserait d'y venir avec moi ?

Doudou me regarde d'un air inquiet, pour la forme. Je sais qu'en elle-même, elle a déjà accepté. Elle va feindre la culpabilité juste pour que je l'encourage moi-même à y aller. Ca marche à tous les coups !

- Vas-y. Ca te fera du bien. Tu sais que je n'aime pas ce genre de choses. Profites-en. Une telle occasion ne se présentera pas tous les jours.

- Puisque tu insistes. C'est d'accord. Je suis déjà partie…

Je sais que je ne devrais pas mais c'est plus fort que moi. Plutôt que de passer la journée seul, je décide de rendre visite à un autre frère de la Grande Loge, François. Il habite Beaucaire. C'est tout de même à trois heures de route. J'aurai le temps de manger avec lui, de discuter le coup et de rentrer pour cinq heures. Ceci n'est pas raisonnable : je m'exile en jurant de ne plus penser à la loge et, dès que j'ai un moment libre, je fonce dans ses bras. Je finirai par croire Sylvain. Il arrive un moment où l'on ne pense plus que Maçonnerie, qu'on ne fréquente plus, qu'on ne visite plus, qu'on ne vit plus que par la Maçonnerie. Serais-je touché par ce syndrome de dépendance ?

Grand ami de Cuba, François s'y rend tous les ans pour apporter dons en numéraire, instruments de musique et ustensiles médicaux à la Loge locale. Aussi étrange que cela puisse paraître, les Maçons auraient facilité la révolution cubaine. Castro leur en aurait toujours été reconnaissant, d'où sa tolérance à l'égard de l'Ordre.

François a connu, lui aussi, une vie mouvementée. Je sais qu'il a dû faire appel à la justice maçonnique. C'est pour ça que je viens le consulter. J'ai bien promis à Jean-Pierre de ne pas insister, mais si Bérénice poursuit sur sa lancée, il faudra que je riposte. « Si vis pacem, para bellum ! » Cette attitude n'est-elle pas horrible ? Où est passée l'harmonie ? Où en est le temps où je me douchais et me rasais avant une tenue pour me purifier avant de recevoir la Lumière ? Je ne perçois plus que feu et amertume, rancœur et déception. Je continuerai cependant : je ne peux pas me passer de mes Frères. Je dois me construire des jours meilleurs.

*

* *

- Je suis vraiment désolé : cette fois, je suis descendu en avion ; je n'ai pas pu t'amener de bières belges.

Il me serre dans ses bras avant que j'aie pu continuer. Par-dessus son épaule, j'aperçois sa maman, en haut du grand escalier d'honneur. Elle m'a reconnu, je pense, et me fait un petit signe de la main, en guise de bienvenue. François est un fils fidèle. Nous passons dans le salon. Je lui expose le but de ma visite et lui raconte les derniers événements auxquels nous avons été confrontés. Je décris le malaise qui envahit notre atelier, cette scission qui, à mon avis, se prépare, tant les tensions sont devenues palpables sans que l'on sache vraiment pourquoi. Il m'écoute, en silence.

- Ce que tu me racontes est un peu ce que vivent les Réguliers français. Nous en parlerons plus tard. Pour ton histoire de procès, je ne pense pas pouvoir t'être d'une grande utilité. Je ne suis pas allé jusqu'au procès maçonnique dans le différend qui m'opposait à mon ancien associé. J'ai simplement demandé la constitution d'un jury interne à notre loge. C'est lui qui a tranché. Si j'avais dû réellement entamer un procès, j'aurais été empêché de pratiquer pendant la période d'instruction et de procès jusqu'à la décision finale. Ni mon adversaire ni moi ne le voulions. Nous nous sommes arrangés à l'amiable. Toi, penses-tu vraiment que ce procès te soit vital ? A ce que j'ai entendu, le cas est réglé. Ton René va soit exploser et disparaître, soit enfin trouver sa voie et rayonner. Dans les deux cas, il va souffrir ! Dans les deux cas, tu ne peux plus rien faire.

- Tu as peut-être raison. Je vais arrêter de me torturer avec cette histoire. On ne refait pas le passé.

- Par contre, ce que tu me racontes à propos de ta loge, et que tu présentes comme une anecdote, ressemble étrangement, dans son mécanisme, à ce qui se passe chez les Réguliers français : les tensions avant l'explosion.

- En ce qui concerne notre loge, je reste confiant. Même si la situation est actuellement critique, nous digèrerons notre crise interne. Par contre, en ce qui concerne la Grande Loge Nationale, beaucoup d'entre nous font le parallèle avec ce qui s'est passé chez nous il y a une trentaine d'années. Tensions internes dans l'obédience reconnue. Condamnation par Londres et perte de la

Régularité. Création d'une nouvelle obédience régulière. Personnellement, je n'adhère pas à cette vision mais je reconnais qu'elle est très répandue.

- L'histoire ne fait que se répéter et la « Commission on information for Recognition » est de plus en plus pointilleuse. Ce sont ses membres qui, avec Londres et Dublin, vérifient la conformité des pratiques régulières dans le monde entier. Une fois de plus, ce sont les « rosbeef » qui gouvernent le monde !

- Chez nous, tu n'entendras jamais ça. Nous ne sommes pas une grande nation comme la France. Nous ne sommes qu'un tout petit pays. Et encore, peut-être plus pour très longtemps. Alors, tu sais, la « Perfide Albion » n'a pas de sens chez nous. Au contraire, la fréquentation des Anglo-Saxons est notre quotidien. Avec le nombre d'institutions internationales implantées un peu partout dans le pays, l'anglais est presque devenu une deuxième langue. Nous-mêmes, nous partageons nos locaux avec une des loges de l'OTAN.

- Evidemment ! Vous n'avez pas eu De Gaulle comme Président.

- Nous vivons dans un royaume. Nous prêtons allégeance au Roi.

- Ici, qu'on le veuille ou non, nous sommes d'abord Français et puis Maçons. Beaucoup ont tendance à considérer les Anglais comme des ennemis héréditaires, et les obédiences régulières comme leurs outils pour contrôler politiquement le continent.

- Décidément, la notion de complot anglo-saxon est très tendance, chez vous. Cependant, ce n'est pas impossible. J'ai d'ailleurs vécu une expérience troublante…

Je raconte alors à François ce que j'ai pu voir à Bangor. Quand je lui rapporte ce que j'ai entendu de la conversation entre Grands Maîtres, il ne fait qu'un bond.

- Tu vas voir. Avant un an, les Anglais auront fait sauter les Réguliers français. Je suis prêt à parier mon béret. Ils vont utiliser exactement la même tactique que celle qu'ils ont testée chez vous. La ligne de conduite de l'obédience reconnue ne plaît plus. On trouve quelques gaillards motivés par une promotion rapide pour lancer une campagne de dénigrement, en interne. Puis, quand la crise a éclaté, on provoque une scission. Au nom du bon droit, on donne l'absolution aux troublions. Ils fondent une nouvelle loge qui sera, inéluctablement, héritière de la Régularité. Les autres, me diras-tu ? Les laissés pour compte ? Ils n'ont qu'à trouver refuge dans d'autres obédiences, se soumettre ou disparaître. C'est ça, mettre de l'ordre. Il faut couper des têtes pour impressionner !

- Tu es cynique. Je n'ose même pas penser aux drames que ça produirait. Tu imagines ? Du jour au lendemain, je devrais accepter que mes Frères d'aujourd'hui deviennent demain de simples étrangers. Ce serait pure folie. Dans notre atelier, plusieurs Frères sont membres de deux loges : l'une, belge ; l'autre, française. Que va-t-on en faire ? Seront-ils à moitié bons et à moitié mauvais ? Faudra-t-il les couper en deux ? Dans quel sens ? Nous sommes jumelés avec une loge de Paris et une autre, de Londres. Devrions-nous renier un des pieds du tripode ? C'est impossible. On n'en arrivera jamais à une telle aberration. Cela voudrait dire que l'on foule au pied les sentiments de milliers d'hommes qui, pour la plupart, se sont investis corps et âme dans l'Ordre, qui lui ont donné le meilleur d'eux-mêmes. Et tu voudrais qu'on les nie du jour au lendemain ? Non. Cela ne se peut pas !

- Dans ce cas précis, impossible n'est pas anglais, mon Frère !

- Pari tenu. Pour l'an prochain, je prépare un voyage dans la région. Nous aurons une tenue commune avec les Frères de Perpignan et de Barcelone. Je te convierai aux agapes et tu mangeras ton béret devant tout le monde.

- Si toi, tu perds, tu mangeras un artichaut avec ses feuilles et son foin.

- Je ne perdrai pas. Réfléchis un peu, tout de même. Il y a à peine trois ans que le nouveau Grand Maître a été intronisé en présence de tout le Gotha maçonnique. Ils ne peuvent pas le jeter si vite. Vraiment, je n'y crois pas !

- Depuis lors, lui et son équipe font l'objet de toutes les critiques. Affairisme, abus de bien sociaux, escroquerie… J'en passe et des meilleures. C'est la première étape : le temps de la contestation interne ! Tu verras… Je te dirai même que le processus s'accélère. La Belgique, la Suisse et le Luxembourg n'ont-ils pas dénoncé officiellement tous ces abus, en s'immisçant ainsi dans les affaires internes de l'Obédience, en contradiction flagrante avec toutes les règles internationales ? Et à l'instigation de qui ? De Londres, pardi ! La deuxième vitesse est enclenchée !

- S'ils avaient raison d'agir ainsi ? La Maçonnerie ne peut pas s'accommoder de pratiques mafieuses.

- Je te croyais plus indépendant d'esprit. Un : Peux-tu croire que ces pratiques, si elles existent, aient pu subitement se développer en trois ans ? Deux : En admettant que les dirigeants soient peu fréquentables, faut-il pour autant sanctionner quarante-quatre mille hommes ? Ce n'est pas juste. Même si tu t'en défends, petit Frère, tu es complètement englué dans ton système hiérarchique. Tu n'oses plus réfléchir. Tu hypothèques ta liberté de penser !

- J'ai eu sous les yeux la lettre du Grand Maître au Président de la République. La politique et la religion sont interdites de discours chez nous. Il est en flagrante contradiction avec ses engagements.

- Tu as obtenu copie de cette lettre, dans ton petit village de Wallonie, par hasard ? Il n'y aurait pas eu une petite fuite organisée, à ton avis ? Par ailleurs, le politique a des contacts avec toutes les obédiences. Le Général lui-même avait dit quelque chose du genre « La Maçonnerie n'est pas assez importante pour que l'on s'y intéresse ; elle est trop importante pour qu'on la néglige ! ». Rien n'a changé.

Je le regarde, étonné. J'ai l'impression d'entendre Bertrand. Il ne supporte plus la hiérarchie de notre atelier, ni celle de l'obédience. Il a besoin de souffler et ne veut pas de ce poste de premier surveillant qu'on veut lui imposer. Quand j'essaie de l'influencer pour qu'il accepte tout de même, il a la même réponse : « Tu es bouffé par le système ; tu as perdu toute indépendance d'esprit ; tu es aveuglé ». Décidément, notre loge est un vrai microcosme !

François, et sa théorie du grand complot anglo-saxon, m'a vraiment interpellé. Ses arguments tiennent la route. Il faudrait que j'interroge Efix. Il était présent à Paris, il y a trois ans. Aurait-il pu applaudir hier ce que le Grand Comité dénonce aujourd'hui ? Il y a encore là des subtilités stratégiques et diplomatiques qui m'échappent.

*

* *

Je suis toujours plongé dans ces réflexions
quand j'arrive à l'auberge. Les femmes ne
sont pas encore rentrées. J'en profite pour
piquer une tête dans la piscine. Fraîcheur,
bonheur !

- Grand jaloux ! Tu ne supportes pas que ta
femme prenne les eaux sans toi : il faut que tu
fasses pareil...
Je n'aperçois qu'un bouillonnement d'écume
en me retournant. Elle est déjà contre moi,
collée comme une sirène enjôleuse.

- Je t'ai manqué, j'espère.

- Humm... Il me semble que la cure thermale
a stimulé l'appétit de Madame.

- Et nous sommes seuls, ce soir...

- Taratata... Les pèlerins vont arriver.

- Taratata... Promets-moi une chose, alors.

- Laquelle ?

- Tu as eu ta journée de Maçonnerie. Je ne veux plus en entendre parler de toute la semaine. C'est d'accord ? Je veux que tu t'occupes de moi, rien que de moi !

- A vos ordres, chef !

Chapitre 23. C'était écrit.

Je n'ai pas beaucoup avancé, en six mois. Au contraire. La seule chose que j'ai réussie est l'intronisation de Xavier. Désormais, il connaît et surtout, il a vécu la légende d'Hiram. Il peut pratiquer l'art royal en connaissance de cause. Il a enfin reçu son beau tablier brodé des symboles du troisième degré. Il a pu ranger, dans sa valise, son tablier de peau d'agneau, le plus beau témoin de sa naissance maçonnique.

François-Xavier, que je continuerai d'appeler Efix, entre nous, se fait de plus en plus présent dans notre loge. Au grand plaisir de ses fans. A dire vrai, je n'ai rien contre ce garçon. Simplement, je ne le connais pas. Je ne comprends pas la fascination qu'il exerce sur les Anciens. Il est un peu comme leur dieu. Ou comme leur enfant. Je crois que c'est plutôt ça. Il est leur bébé. Ses papas sont tout émus de retrouver le gamin qui a si bien réussi dans la vie, grâce à eux !

Cet homme a tout connu en maçonnerie. Il a voyagé partout : Etats-Unis, Amérique du Sud, Afrique, Asie, Europe de l'Est. Partout où il y a des Maçons, il a représenté notre

Ordre. Il a été reconnu comme leur égal par les puissants du monde entier. Lorsque nous nous retrouvions au Grand Temple, à Bruxelles, pour célébrer les grands événements, c'était le monde entier qui venait à nous. Brésil, Côte d'Ivoire, Ecosse, Pologne, Australie,…

Sans doute ces cérémonies étaient-elles très protocolaires. Sans doute une assemblée de mille Frères n'est-elle pas capable de reproduire à l'identique l'ambiance de recueillement que l'on connaît dans un atelier. Il faut accueillir les délégations, nommer les grands officiers, placer tous les Frères, etc. Ca prend du temps, exige de l'ordre et une rigueur proche de la froideur administrative. Néanmoins, Efix avait le chic pour provoquer l'émotion. Par exemple, cette anecdote.

Les Etats-Unis, pour des raisons historiques, ont des loges « blanches » et des loges « noires » : les Afro-Américains d'un côté ; les autres, de l'autre. Les deux mondes ne se mélangent pas. Les deux Vénérables Grands Maîtres du Colorado ne s'étaient donc jamais rencontrés. Ce jour-là, ils s'étaient donné l'accolade, sous les feux de l'Orient, à Bruxelles : impressionnant. Il y avait quelque

chose de précurseur dans cette scène ! « Yes,
we can » était-il déjà en germination ?

*

* *

Je revois Jean-Pierre beaucoup plus
régulièrement. Notre relation a changé.
Toutes ces tensions dans la loge ne nous ont
rien apporté de bon.

Nous prenons un café sur la place Mansart, à
La Louvière. Il y a beaucoup de passage et
de brouhaha : personne n'entend nos
conversations et nous pouvons profiter du
soleil.

- J'ai longuement discuté du cas de René avec
Charles. Tu sais ce qui s'est passé. Il
n'évoluera plus s'il n'est pas aidé. Nous
voudrions qu'il passe au second degré.

- Tu en as pitié après l'avoir démoli ?
- Il s'est détruit tout seul. Je n'ai fait que le
mettre devant son miroir. Nous comptons
demander que l'on organise une COD élargie,
en présence de tous les Passés Vénérables
Maîtres, pour que cette décision soit prise à
l'unanimité. Qu'en penses-tu ?

- Je pense que tu ferais bien mieux de ne pas me parler de Charles. Il ne te vaut rien de bon !

- Qu'est-ce que ce nouveau plan ? Explique-moi.

Il me regarde fixement, perdu dans ses pensées.

- René est sous la protection de François-Xavier. Désormais, ignore-les, lui et sa femme. C'est un conseil d'ami ! Occupe-toi plutôt de Bertrand. Il file du mauvais coton ces derniers temps. Il doit passer premier surveillant l'an prochain. Pas question que ça foire ! Nous ne voulons plus de problèmes. Et surtout, ne me parle plus de Charles.

- Pourquoi ?

J'aurais bien continué à discuter sous le soleil mais je savais qu'une fois de plus, ce serait peine perdue. Jean-Pierre était complètement fermé. Devrai-je encore jouer mon rôle d'interface entre deux clans qui, inéluctablement, se formaient ? J'aurais rudement besoin de Sylvain pour éviter le pire.

* *

- Mes Frères, l'ordre du jour n'est pas épuisé.
Notre Frère Bertrand m'a appelé hier soir en
me demandant de lui accorder la parole ce
Midi. Il veut nous faire une communication
importante qu'il souhaite livrer à notre
réflexion. Les propos qu'il va tenir relèvent
d'un troisième degré. Malgré l'heure tardive,
nous procèderons de la manière accoutumée
pour passer aux second puis troisième degrés.
Frère Maître de Cérémonie, veuillez conduire
nos Frères Apprentis sur les parvis.
Exceptionnellement, ils ne seront pas
accompagnés d'un Maître, la présence de
chacun étant impérative. Il en sera de même,
tout à l'heure, pour nos Frères Compagnons.

Bertrand est blême. Depuis quelques temps,
j'affectionne de m'asseoir près de lui. Je sens
que ma présence le rassure. Au fil des ans,
j'avais accompagné Bertrand dans son
cheminement. Sa peinture s'était épanouie
comme mes brumes s'étaient dissipées. Nous
étions devenus vraiment très proches. Ce que
je redoutais allait se produire.

Mes Frères,

*Si j'ai demandé à prendre la parole ce Midi,
et de manière si inopinée, c'est que je ne peux
plus supporter de garder le silence. De
partout, j'entends des critiques se lever sur
les uns et sur les autres. L'unité que nous
avions créée s'est, petit à petit, fissurée
comme une tasse de porcelaine.*

*Contre ma volonté, j'ai été l'otage d'une
querelle qui ne me concerne pas. Dois-je
incriminer l'un ou l'autre d'entre nous ? Je
ne le ferai pas. Que chacun se regarde dans
son miroir. Il m'importe peu que l'on
m'attribue tel ou tel propos. Je le déplore
simplement. Ce problème, vous le règlerez
entre vous !*

Subitement, l'assistance tressaille : une onde
passe sur la vingtaine de Maîtres présents.

*Après mûre réflexion, j'ai décidé de remettre
ma démission de cette loge et de l'obédience.
Croyez bien que je suis conscient des soucis
que je vous cause. L'an prochain, j'aurais dû
occuper la stalle du Midi. J'aurais dû être
votre Vénérable dans deux ans. Je ne le serai
pas.*

*C'est durant cette année, où j'ai assumé mon
rôle de Surveillant auprès des Apprentis, que*

j'ai enfin compris ce qu'il m'arrivait. C'est
très simple : je ne crois plus au Grand
Architecte de l'Univers. J'ai douté, essayé
d'en parler à des Frères aînés.
L'intransigeance croissante que j'ai ressentie
et finalement, les pressions dont j'ai fait
l'objet ont eu raison de moi. Je ne me sens
pas le courage d'assumer une tâche en
laquelle je ne crois plus. Je suis aussi un
homme, pas uniquement un rôle qui doit
permettre à une loge de fonctionner. On ne
vit ni sur l'apparence ni sur le mensonge.

Je sais qu'il vous est difficile de me
comprendre. Je vous quitte. J'ai cru en notre
histoire d'amour. Elle n'était
malheureusement qu'illusion. Au Revoir, mes
Frères.

- Un Frère de l'assemblée souhaite-t-il
prendre la parole ? interroge le Vénérable.

Un bras se lève sur la colonne du Nord. Pol
se lève.

- Vénérable Maître, mes Frères, je dois vous
dire l'admiration que j'ai pour le courage
dont Bertrand vient de faire preuve. Son
questionnement est le mien. Il vient

d'apporter la réponse à mon interrogation. Je vais suivre notre Frère Bertrand. Vous recevrez ma lettre de démission dès ce lundi.

J'avoue qu'à ce moment, je suis très tenté de me lever aussi. Je maîtrise pourtant cette pulsion violente. Je ne peux pas fuir, une fois de plus. S'il faut changer les choses, s'il faut ramener un climat d'harmonie dans notre loge, ce n'est que de l'intérieur que je pourrai y contribuer.

Jean-Pierre bondit. Il n'a pas attendu qu'on lui donne la parole.

- Qu'est-ce que c'est que ce cirque ? Vous croyez que c'est ça la Maçonnerie ? Vous croyez que vous pouvez faire ce que vous voulez en fonction de vos petits états d'âme ? Non, Messieurs – et je ne dirai même plus mes Frères- on ne quitte pas la Loge comme ça. On doit respecter ses engagements, quel qu'en soit le prix. Vous vous êtes engagés. Vous avez prêté serment sur le volume de la Loi sacrée !

Le Vénérable frappe sa stalle de son maillet. L'écho en est particulièrement impressionnant.

- Je vais clore les travaux au troisième degré.

Bernadette, notre cuisinière, n'en revenait
pas. Notre loge, d'ordinaire si joyeuse durant
les agapes, était complètement silencieuse.
Avant de nous installer, nous nous étions
comptés. Les uns à la table de gauche ; les
autres, à droite. Le schisme était consommé.
René trônait ; Jean-Pierre fulminait ; Pol et
Bertrand étaient partis ; tous les autres
piquaient du nez dans leur assiette. Pas de
santés d'honneur aujourd'hui. Pas de
chansons. Pas de chaîne d'union. Le
silence !

*
* *

Nos téléphones sont incandescents, de nuit
comme de jour. Depuis plus de quinze jours,
tout le monde téléphone à tout le monde dans
un désordre impressionnant. Sylvain
centralise : il ne dort plus. Malgré cela, rien
ne bouge. J'ai subitement l'impression que je
suis passé à côté de quelque chose lorsque j'ai
pris un café avec Jean-Pierre à La Louvière.
Pourquoi a-t-il esquivé ma question à propos
de Charles ? Serait-ce une clé ?

Nous devons nous voir à Bruxelles, cette fois, à la Bécasse, précisément. J'aime le Lambic qui y est servi dans de gros cruchons de grès, les tartines au fromage blanc et les radis en rondelles. Cet établissement n'est pas très loin de la Grand-Place, au fond d'une venelle médiévale. Nous avons accès aux étages : nous y serons plus tranquilles.

Jean-Pierre impressionne toujours. Un groupe de touristes japonais, à son arrivée, croient reconnaître Dali et le mitraillent de flashs. Il prend la pose et sourit. Je sais qu'à l'intérieur, cependant, il fulmine.

- Bonjour, mon Frère. C'est un vrai plaisir de te revoir. Quelle catastrophe pour arriver jusqu'ici. Pas moyen de se garer. J'ai finalement dû prendre un parking payant. On ne passera pas la nuit ici !
- Tu as le temps de prendre quelque chose, au moins ?
- Une petite bière, évidemment ! Et du meilleur tonneau, que Diable !

Cette bonne humeur est plus affichée que naturelle. Elle sonne faux. Manifestement, il veut me rassurer. Avant de parler, il me regarde, sentencieusement.

- Tu avais raison. Nous avons besoin de signes d'apaisement. Nous devons ramener la sérénité dans notre loge. J'ai réussi à persuader François-Xavier d'accepter une grande réunion.

- Tout le monde viendra, tu crois ?

- De chez nous, oui. Tu as ton rôle à jouer avec Danny pour rassembler les autres.

- Charles, entre autres ! Pourquoi refuses-tu de me dire ce qui s'est passé entre vous ? Pourquoi te mets-tu en colère, à chaque fois que j'en parle ?

Il prend son air bougon de grand enfant gâté et boit une gorgée.

- Santé ! Je ne me mets pas en colère. Simplement, ce type n'a aucun respect pour les Anciens. Tu sais que les années précédentes, nous avons remis les textes des rituels à jour : tu y as d'ailleurs participé. Nous devions terminer l'examen du rituel des Maîtres. Est-ce que ce blanc bec ne nous a pas fait remarquer que nous ne travaillions pas assez vite ? Il croit qu'on n'a que ça à faire ? Bref, on l'a d'abord gentiment envoyé paître, pour qu'il comprenne que nous n'avons pas d'ordre à recevoir de lui. Il s'est permis de prendre la mouche ! Tu réalises ? Ce type n'est rien et il nous engueule !

- Aïe, aïe… Si je comprends bien, c'est simplement parce que vous vous êtes sentis vexés par Charles que tout ça a commencé ?

- Quoi, tout ça ? Tu vas nous accuser, toi aussi ?

- Je vais essayer de t'expliquer, posément, ce que je crois avoir compris. Tu me diras si je me trompe. Si c'est le cas, nous aurons gagné notre soirée. Tant pis pour le parking : tu te feras rembourser par le Trésorier.
Reprenons les faits. Un. Bertrand, lors de son enquête, a des doutes sur René et sa conception de la Régularité. Deux. Sylvain a les mêmes soupçons. Trois, la COD valide malgré tout la candidature pour ne pas déplaire à Charles. Inutile de rappeler l'éviction du filleul précédent. Quatre, le bandeau et l'initiation ont lieu. Jusque-là, je suis correct ? Nous sommes bien d'accord ?

- Je n'ai rien à redire, me répond Jean-Pierre.

- Cinq. René apprend, je ne sais comment, que Bertrand doute de sa motivation et le met en cause. Toujours d'accord ?

- Non. Bertrand n'avait pas à faire de commentaire. Tout cela devait rester secret.

- Ce ne sont que des secrets de polichinelles, tu le sais bien. Veux-tu que je te décrive le vote après mon passage sous le bandeau ? Tu veux des noms ? Tu veux que je te rappelle ce que tu as dit, juste avant ce fameux vote ? Tout le monde raconte tout sur tout le monde. Tu le sais parfaitement. Bertrand n'est donc pas un cas particulier.

Ses joues s'empourprent très légèrement. Il se perd dans ses souvenirs. Satisfaction d'avoir fait passer son candidat ? Indignation face aux bavardages ? Un peu des deux, je crois. Je poursuis.

- Je reprends : René sait qu'on le critique dans la loge. Il sait que la fuite ne peut provenir que du comité. Charles en fait partie. J'en fais partie. Xavier est mon filleul. Il décide de se venger de nous. Pour commencer, il dévoile Charles à ses clients Brésiliens, au risque de le ruiner. Entretemps, il comprend que la tension monte entre les aînés de la loge et Charles. Il vous fréquente de plus en plus assidûment. Juste ?

- Je répondrai plus tard. Continue.

- Il critique la commission et spécialement
Bertrand qu'il accuse de ne pas être un bon
surveillant. Vous prêtez l'oreille à ses
critiques : vous êtes tellement inflexibles
lorsqu'il s'agit de contrôler le bon
fonctionnement de la loge que vous plongez
dans le panneau. Vous commencez à mettre
la pression sur Bertrand. Vous lui demandez
des comptes sur les contenus de ses
séminaires, sur leurs fréquences, sur
l'assiduité des apprentis… Vous prétendez
vouloir l'aider mais, en réalité, vous ne
voulez que déstabiliser Charles et mettre la
commission sous tutelle.
Bertrand ne comprend pas. Il n'est pourtant
qu'un bouc émissaire. Il craque. Il part. Pol
le suit. La Grande Loge et le Grand Orient
les accueilleront à bras ouverts, si ce n'est
déjà fait.

Pour un visage défait, c'est un visage défait…
Ses moustaches retombent piteusement de
chaque côté de sa bouche. Son regard est
hébété. Manifestement, il réfléchit. Je le
tiens. Je ne peux pas le laisser s'enfuir, fusse

en rêves.

- Entretemps, j'apprends que c'est à moi que Bérénice, alias Marie-Victoire, en veut. Elle est démasquée en présence d'Ignace, heureusement ! Ses aveux n'entament pas le moins du monde la confiance d'Efix à son égard, tu me l'as confirmé. Voilà mon analyse... Qu'as-tu à me dire ?

- En ce qui concerne René, au moins, nous sommes tous d'accord, balbutie-t-il péniblement. Il a été le jouet de sa femme. Nous devons tous l'aider. Pour l'avenir de notre loge, tu as un rôle de conciliateur à jouer. Il faut amener tous les Frères, sans exception, à la table de discussion.

- Je vais faire ce que tu me demandes. J'ai cependant déjà des conditions. Un. C'est notre Véné, Charles, et personne d'autre qui est à l'origine de cette réunion. Deux. Le Conseil des Passés Vénérables Maîtres est invité à une COD élargie. Il n'a qu'un rôle consultatif et strictement rien d'autre. Trois. François-Xavier est un Frère de cette loge. Il n'est pas plus égal que les autres. Pas question de se la jouer à la française avec des « Je suis le dépositaire des us et coutumes de la Maçonnerie » ou « Je suis l'intermédiaire entre le Grand Architecte et les Maçons » ou encore « La Maçonnerie n'a rien de démocratique, c'est un ordre initiatique ». Ici, nous sommes à Bruxelles, pas à Paris. D'accord ?

Il se lève, hagard et disparaît par l'étroit escalier en colimaçon.

Chapitre 24. Rencontres porteuses.

Mon anglais est loin d'être parfait mais j'ai toujours beaucoup de plaisir à le pratiquer lorsque l'occasion s'en présente. C'était lors d'une seconde rencontre avec les membres du Tripode, au Hilton. J'étais en grande conversation avec Peter.

Depuis la salle du dernier étage, on pouvait voir Bruxelles s'étaler à nos pieds. Nous avions passé un moment à essayer de situer et d'identifier les monuments de la capitale. De fenêtre en fenêtre, nous avions caracolé comme de vrais touristes asiatiques en mal de souvenirs photographiques.

Toutes les tables étaient rondes. Cela limitait les conversations aux voisins immédiats. Je fumais encore, à l'époque. Je m'échappais de temps en temps pour rejoindre le fumoir sans réaliser qu'à mon retour, mon smoking empesterait.

Peter fumait, lui aussi. Nous avions donc sympathisé. Il avait commencé par m'interroger sur la perception que nous avions de l'Angleterre. Non, ce n'était pas un interrogatoire. Son attitude relevait davantage d'une forme de curiosité inquiète. Il me demandait simplement de l'aider. Tout y était passé. Leurs problèmes de recrutement d'abord. Il les attribuait au rythme professionnel trépidant que la société britannique impose aux jeunes. Je l'interrogeais plutôt, quant à moi, sur l'adéquation des pratiques de la Maçonnerie aux valeurs d'une société en plein chambardement.

Je lui avais expliqué l'anglophilie réelle de nos loges. Il avait semblé rassuré. Je m'étais cependant inquiété de ce pouvoir qu'avait Londres d'accorder ou de retirer la reconnaissance. Bien sûr, accréditer une seule loge par pays était une tradition. Cela évitait la discorde. Mais retirer cette reconnaissance, subitement, d'autorité, cela me dérangeait profondément.
Je lui avais même posé cette question.
« Imagine qu'un beau jour, vous décidiez de ne plus reconnaître soit la France, soit la Belgique. Qu'adviendrait-il de notre Tripode ? ». Il m'avait répondu que, chez eux, comme partout, ce n'étaient pas les Maçons de la base qui décidaient ; que les mécanismes de décision étaient très compliqués, qu'il y avait aussi les droits

d'utilisation des rites, détenus par certaines loges, dont il fallait tenir compte… un casse-tête !

C'était cousu de fil blanc : j'ai évoqué la situation des femmes. E.T. aurait été mieux compris. Pour Peter, en bon Britannique, la séparation des sexes est une évidence, un axiome social ! Lorsque, un rien ironique, je lui avais rappelé que c'était aux Etats-Unis que les femmes avaient brisé le tabou de la mixité au Rotary Club, par voie légale, il avait fait la grimace.

A quand dès lors l'arrivée des femmes en Maçonnerie régulière ? Mon petit doigt me dit…

*

* *

Est-ce ce profil de sourcier, coupeur de feu qui m'y prédestine ? Ai-je un fluide particulier ? Devrai-je toujours créer des ponts au-dessus des abysses d'incompréhension ? Mes Frères m'ont demandé, avant la grande réunion, de rencontrer Efix.

J'étais déjà allé chez lui, il y avait près de deux ans. Nous avions passé une soirée magique à refaire le monde… maçonnique.

A charge de revanche, c'était à Forestaille que je l'invitais. Pour l'occasion, Doudou avait décidé de passer la soirée chez Sophie et Xavier. Wija continuait à la passionner. Elle faisait des disciples…

Pas de tralala cette fois : nous mangerions dans la cuisine. Entrecôte de bœuf, frites, salade verte et un bon « Devois des Agneaux » de Saint-Félix-de-Lodez. Après les habituels badinages d'entrée en matière, nous en étions arrivés au vif du sujet.

- Je sais ce que tu me reproches, entame-t-il. Tu, vous pensez que les Anciens, comme vous les appelez entre vous, ont voulu trop bien faire. Ils voulaient que tout soit parfait pour mon retour mais la pièce a mal tourné. C'est vrai. Charge à moi de remettre de l'ordre. J'ai manqué de vigilance et d'intuition.
Par contre, vous me faites un deuxième reproche. En cela vous vous trompez. En gros, vous pensez que je suis l'otage de René et Marie-Victoire. C'est faux.

- Il y a eu assez de signes de bonne volonté de partout pour que je te croie. Cependant, il faut m'expliquer. J'ai bien une intuition mais…

- Connais-tu l'histoire du scorpion et du vieux Chinois.

- Evidemment, Jean-Pierre l'a fait parvenir à tout le monde par mail. Il est rare, dans son chef, qu'il n'y ait pas une deuxième lecture à opérer. Un vieil homme voit un scorpion se noyer. Il le sauve. Le scorpion le pique. Un peu plus tard, la bestiole est à nouveau en perdition. Le vieillard lui sauve une seconde fois la vie. Il se fait à nouveau piquer. Un petit garçon, qui suit la scène, questionne le vieux : « Pourquoi tentes-tu de sauver ce scorpion alors qu'il te pique ». « C'est dans sa nature que de piquer, répond le vieillard. Personne ne peut lui en vouloir. J'aurais par contre dû me protéger la main pour éviter le poison. Je l'avais oublié ! D'où ma douleur ».

- As-tu fait ta deuxième lecture ?

- A priori, oui. Je vois Bérénice et René comme le scorpion ou comme le noir du damier. La loge comme le vieillard ou le

318

blanc du pavé mosaïque. Nous avons manqué de clairvoyance. Nous avons été piqués. Nous avons souffert. A nous de gérer nos scorpions selon leur nature. Comment ? Je ne le sais pas encore.

- Aie patience. N'as-tu toujours pas compris que le temps n'existait pas ?

- J'ai déjà entendu cela quelque part, au cours d'une soirée très importante pour moi.

- Avec Karine et Benoît.

- Tu les connais donc ?

- Je suis aussi, quoi que tu penses, en recherche… Le verre t'a dit : « Le temps n'existe pas. Le blanc et le noir se mêlent et se démêlent. Le porteur de lumière détruit et rallie. Il est dans la ténèbre ».

Cette fois, c'est moi qui étais soufflé. Ce type m'avait complètement mystifié. Il savait tout, probablement depuis le début, et semblait maîtriser des données que je commençais seulement à percevoir.
Etrange et frustrant ! N'aurais-je été qu'un jouet ? Aurais-je interprété, sans m'en rendre compte, le rôle de Monsieur Jourdain ? Non,

ce serait un dédouanement trop facile :
j'assume !

Chapitre 25. L.E.O.

Pour l'occasion, j'avais demandé à pouvoir occuper exceptionnellement la salle à manger du temple de Morlanwelz. La plupart de mes Frères ne connaissaient pas l'endroit. Moi, pour avoir vécu dans la Région du Centre, j'y avais été membre d'une Fraternelle pendant plusieurs années.

Nous avions disposé les tables en carré, selon une savante alchimie. A l'ordre du jour, l'élévation de René ; le remplacement de Bertrand ; la mise à jour du rituel de Maître. Charles présiderait la réunion. Sylvain l'animerait.

- Mes Frères, entame-t-il dans un grand sourire, je suis heureux de nous voir tous réunis... enfin. Nous n'avons que trois points à l'ordre du jour. Je sais qu'ils seront réglés très rapidement ; nous le savons tous.

Toute une année de destruction pour en arriver à ce constat : nous nous étions entretués pour des broutilles. Il n'y a pas eu de discussion. Nous avons voté à main levée. Le tout n'a pas duré cinq minutes. René passerait Compagnon dans deux mois : il avait besoin d'un peu de temps pour rédiger sa planche d'augmentation de salaire. Je prendrais la place de Bertrand. Jean-Pierre et les « Anciens » avaient terminé la révision des rituels : le point n'était déjà plus d'actualité.

Il n'y eut aucun grand discours. Que des murmures de satisfaction, des regards apaisés et à nouveau chaleureux. Nous avions vaincu nos démons. Nous avions fait de nouveaux progrès en maçonnerie et vaincu nos passions. Nous avions reconstruit l'Harmonie en Force, Sagesse et Beauté. Nous profitions de ces instants magiques. Personne ne se levait comme pour faire durer le temps…

Subitement, les téléphones portables de quatre ou cinq frères se mettent à sonner : message. Machinalement, comme d'autres, je consulte l'écran du mien. « René s'est suicidé par pendaison ce mardi à 22h00. Bérénice ».

Le temps se fige en un silence de plomb. Les regards s'éteignent et plongent vers le monde intérieur. René a voulu passer dans un deuxième cercle. Je crains qu'il reste coincé entre deux cycles.

Nous nous sommes tous mis d'accord pour panser nos blessures. Pendant un an, jour pour jour, nous ne parlerions plus de cette affaire.

La vie reprenait son cours. Nous avions de nouveaux apprentis. Ne fallait-il pas continuer à faire nombre ? Les sourires étaient réapparus pourtant, peut-être un peu plus figés, c'est tout. Nous avions gagné en sagesse.

La maçonnerie peut être brutale. Ce Frère de Bouillon avait véritablement de plus en plus raison. « Si vous ne la comprenez pas, la Maçonnerie peut vous détruire ». Cela avait failli nous arriver. Nous n'étions cependant que rescapés. J'avais perdu mon enthousiasme. Souvent, je préférais rester à la maison plutôt que d'affronter une pluie un peu drue ou un brouillard un rien frisquet plutôt que d'aller en loge. Les excuses ne manquaient pas. Lorsque je prenais la voiture et ma valise à décors, c'était toujours la même phrase.

- Je ne rentrerai pas tard. Ne t'inquiète pas.

Je me jurais de ne pas participer aux agapes mais je m'y forçais, dans l'espoir d'y retrouver quelque chose de gai. Comme avant. Rien n'y faisait. C'était comme une brisure. Je comprenais que, dans ma belle histoire d'amour maçonnique, tout s'était étiolé. Ma loge méritait mieux que ça. Parfois, je rêvais de la quitter, de partir ailleurs, de la laisser panser ses plaies, en paix. Je ne pouvais pas : j'avais une et une seule loge. Puis, je m'étais mis à lui écrire de petits billets, comme à une femme mystique. Je les brûlais ensuite. J'ai retrouvé celui-ci : il a été épargné.

Ma Loge,

Nous vivons ensemble depuis plus de douze ans, maintenant. Nous avons connu les plus beaux moments. De jour en jour, au fil des épreuves, je sentais mon amour pour toi s'épanouir. Tu étais ma vie, mon tout. Nous nous comprenions de mieux en mieux, de plus en plus.

Nous avons élevé de beaux enfants. Regarde comme ils évoluent. Nous pouvons être fiers d'eux. Nous avons bien travaillé.

Puis c'est arrivé.

Nous sommes devenus un vieux couple. Nous avons perdu notre flamme vitale. Nous ne nous sommes pas trahis. Non. Nous nous sommes simplement trompés. Nos chemins, d'abord entremêlés, se sont séparés. Nous sommes loin d'un de l'autre, maintenant.

Mon amour, ma Loge,

L'heure est venue de penser à nous séparer.

J'ai mal...

J'ai tout tenté, tout essayé. Je ne trouvais pas de solution. En partant, j'aurais eu l'impression de trahir : impossible. J'ai rencontré des Frères d'autres loges, d'autres obédiences même. C'était toujours le même discours : « Viens chez nous. Tu verras comme tu y seras mieux ». Je ne pense pas que la fuite soit une solution. Je suis même persuadé du contraire. C'était donc en moi que je devais trouver la solution.

*
* *

La réponse est venue de l'extérieur, en l'occurrence par la petite porte de ma boîte aux lettres. C'était un courrier de Bruxelles intitulé « *Suspension de la reconnaissance de la Grande Loge Nationale Française* » *et daté du 19 mai 2011.*
François avait donc raison ! C'est impossible ! Comment peut-on renier quarante-quatre mille Frères du jour au lendemain ? Je m'y refuse.

J'aurai mis toute une année pour échafauder mon projet. Il subira encore des modifications, mais le base existe. J'en ai fait une planche. Je ne l'ai pas encore présentée…

Mes Frères,

Durant ces deux dernières années, notre loge a subi une tempête si terrible que nous avons tous pensé être emportés. Nous avons réussi à rester soudés, à poursuivre l'œuvre des fondateurs, à progresser. Nous avons fait, ensemble, un véritable travail maçonnique.

La disparition de notre Frère René a été pour nous un terrible coup. Le destin en avait décidé ainsi. Personne n'y peut rien. Je ne peux m'empêcher cependant de me révolter face à un tel gâchis ! Je veux donc donner du sens à cette mort. Je veux continuer à faire des progrès en Maçonnerie, in memoriam.

Rappelez-vous. Dès le début de cette histoire, René est condamné à souffrir chez nous. Il n'est pas fait pour notre Régularité. Nous avons été faibles avec lui. En l'acceptant, nous avons fait son malheur. Quantité d'autres Frères connaissent le même échec, heureusement d'une manière moins radicale. Je voudrais que cela n'arrive plus. Voilà pourquoi, mes Frères, je voudrais vous faire part d'un projet qui vous paraîtra iconoclaste mais qui est, je le pense, honnête et relève de la pure tradition maçonnique. Il s'appelle L.E.O.

Combien d'entre nous, lorsqu'ils ont prêté serment, savaient vraiment à quoi ils s'engageaient ? Une minorité ! Léo serait donc d'abord une plate-forme d'orientation maçonnique. Des représentants des Maçonneries régulière et adogmatique y siègeraient. Les postulants trouveraient ainsi une information, des témoignages et des conseils fiables sur leur possible avenir maçonnique.

« *Les Fraternelles peuvent très bien remplir cette mission* » *objecteront certains. Ce n'est pas leur rôle. Elles ont surtout pour vocation de provoquer des rencontres de proximité géographique ou professionnelle. Vous connaissez par ailleurs les crispations qui y apparaissent :* « *Pourquoi les acceptons-nous alors qu'ils ne nous reconnaissent pas ?* » *L.E.O., si nous prenions l'initiative de sa création, serait dès lors un signe d'apaisement supplémentaire.*

Cette plate-forme, si elle veut fonctionner correctement, implique de facto une très bonne connaissance des pratiques des différentes obédiences : les déistes devront découvrir les adogmatiques et vice-versa. Impossible ? Non. Difficile : oui ! Partout existent les tenues blanches. Y sont invités Frères, Sœurs et sympathisants... pour voir comment ça se passe. Utilisons cet outil ! Si nous parvenions à persuader différentes loges de s'inscrire dans ce projet, nous pourrions organiser nos tenues blanches, mais réservées aux initiés, au Grand Orient, à la Grande Loge, au Droit Humain, à la Grande Loge Féminine, à la Grande Loge Régulière... Les planches seraient présentées par des personnes faisant autorité dans des registres alternant thèmes spiritualistes et humanistes. Nous aurions tous et tout à y gagner.

Dans le cadre de ce projet, ces tenues se feraient dans les temples, en décors, pour marquer davantage la différence d'avec les Fraternelles.

Ceci, à mon avis, n'est ni révolutionnaire, ni subversif, ni iconoclaste. Je vais maintenant faire un nouveau pas.

La Régularité mise sur une transmission rigoureuse de la Tradition. Ce faisant, nous nous interdisons toute corruption séculière : nous évoluons hors le monde profane. Mais que faut-il comprendre par tradition ? Autant que je puisse savoir, ce n'est pas la négation du monde, c'est l'application d'une règle intangible certes, mais en adéquation avec des principes soumis inéluctablement à l'évolution des moeurs. Ainsi, la Maçonnerie a-t-elle pour tradition de dépasser les dissensions politiques et religieuses. En cela, lorsqu'elle réunissait Catholiques et Réformés dans une même loge, au 18ème siècle, elle était éminemment subversive. Ne serait-ce pas faire preuve de fidélité à la tradition maçonnique que de tendre des ponts, aujourd'hui, entre traditions déiste et agnostique, voire athée ? Comparaison n'étant pas raison, nous sommes en droit de nous demander si le gouffre philosophique est plus important aujourd'hui qu'il y a trois siècles. Je ne le pense pas. Ce que nos ancêtres ont fait, serions incapables de le réaliser ? C'est pourquoi je pense que Léo, dans une troisième étape, doit devenir une Loge d'Etudes Œcuméniques, dont les travaux seraient centrés sur la recherche de convergences entre obédiences.

Il faudrait un règlement. Pourquoi ne pas imaginer un article premier qui serait libellé ainsi :

« La Loge d'Etudes Oecuméniques ne nie pas la possibilité de l'existence d'un Principe Suprême qu'elle désigne sous le nom de Grand Architecte de l'Univers. Elle requiert de tous ses adeptes qu'ils admettent cette affirmation. La Franc-Maçonnerie ne définit pas le Principe Suprême et laisse à chacun la liberté de le concevoir. »

Quatrième étape. Qui dit loge, dit reconnaissance, dans ce cas-ci,

reconnaissance unanime. Il n'est pas utopique de croire que tous les décideurs de la Maçonnerie mondiale puisse accepter la création d'un laboratoire de réflexion maçonnique, considérant qu'il s'agit d'une démarche fédératrice et donc positive.
L'Union ne fait-elle pas la Force ?

Rêvons maintenant. Si l'appartenance à Léo, de quelque Frère ou Sœur que ce soit, devenait un passeport maçonnique universel, de facto, alors, tous les Maçons et Maçonnes du monde entier se reconnaîtraient et pourraient travailler tous ensemble. Il faudrait, bien sûr, réserver des espaces protégés, tant pour les hommes que pour les femmes qui n'acceptent pas la mixité, l'idée étant cependant de favoriser l'universalité de la Maçonnerie, dans toute la diversité de ses composantes.

Imaginons les perspectives qu'offrirait un tel mouvement. Quel brassage d'idées, quelle richesse ! Osons. Si nous parvenions à renouer avec nos origines, historiques et supposées, quels ponts ne construirions-nous pas entre cultures différentes voire antagonistes, à travers le monde ?

Utopie ? Peut-être. Folie ? Sûrement pas !

Si on accepte que la Maçonnerie est la dépositaire d'une tradition historiquement centenaire mais probablement plurimillénaire, elle a pour devoir de la protéger et de la perpétuer. Face aux enjeux que cette mission implique, les égoïsmes nationaux n'ont plus leur place. Par contre, toutes les énergies des Frères et Sœurs coalisés viendraient bien à point pour apporter des réponses aux grandes questions de notre temps, à la lumière des leçons du passé, dans le respect de la vraie tradition maçonnique.

J'ai dit, Vénérable Maître.

Diable, diable, diable... Je crois que je vais entrer en transe. Ici dans mon bureau, face à l'équerre et au compas qui ornent le mur, je viens d'entrevoir la Lumière ! Vite, vite, ma valise à décors. Ce soir, j'ai une tenue. Il faut que je me ressource, il faut que j'en parle à Xavier, à Danny, à Charles et à toute la bande...

*
* *

Ma loge, c'est un T souterrain, comme
protégé du monde extérieur. C'est l'Ailleurs.
On peut y être vrai, sans masque. C'est le
monde de l'émotion, du « Je t'aime, mon
Frère », tellement simple et naturel qu'il en
est interpellant, perturbant. C'est un
microcosme où les hommes se touchent, se
regardent dans les yeux et puis ferment les
paupières, juste comme ça, après avoir
partagé l'énergie, après avoir cherché
« l'unanimité », l'âme unique, l'égrégore.

- Et alors, on cogite !

Jean-Pierre, mon parrain, m'extirpe de ma
rêverie. Sa voix est chaude et joviale, à
nouveau. Avec sa moustache blanche en
guidon de vélo, il a tout d'un Dali au retour
d'Espagne.

- Oui, j'étais en plein projet de
  construction grandiose. Je me
  rappelais notre apprenti... ses
  débuts... et sa fin. Je pense à
  prolonger son parcours.
- Un petit dernier ?
- Non, merci. Je rentre.

La loge – Neufmaison : quarante kilomètres.
C'est une nuit de pleine lune. Je roule fenêtre

ouverte : j'adore ça. Cette fin d'été est douce.
L'air est tiède. Il sent les chaumes et la terre
humide. Je ne fume plus. Doudou m'attend.
Merci, Elyse.

Les merveilleuses portes du temps existeront
toujours.

Depuis la première parution de cet ouvrage, le calme est revenu au sein de la Franc-Maçonnerie régulière française. La GNLF est à nouveau reconnue par les loges régulières du monde entier.

Par contre, l'idée d'un « œcuménisme maçonnique » n'est pas près de recevoir l'adhésion des différentes obédiences. Si, dans l'ombre, il se pratique de fait, il faudra encore beaucoup de temps pour qu'il atteigne la lumière… La Maçonnerie est bien une société d'hommes !

Pour cette raison, ce roman n'a obtenu le soutien d'aucune autorité maçonnique reconnue. Il n'en reste pas moins que les informations qu'ils donnent sur les pratiques maçonniques, dans le cadre du rite français moderne, sont rigoureusement exactes.

Printed in Great
Britain
by Amazon

31567379R00192